दलित दृष्टि

दलित दृष्टि

गेल ओमवेट

अनुवाद

रमणिका गुप्ता एवं अक़ील क़ैस

वाणी प्रकाशन

प्रकाशन के उत्कृष्टतम 62 वर्ष

vaniprakashan.com

सजिल्द पहला संस्करण : 2011
सजिल्द दूसरा संस्करण : 2025

वाणी प्रकाशन
4695, 21-ए, दरियागंज, नयी दिल्ली-110 002
फ़ोन : + 91 11 23273167, 23275710
शाखाएँ
अशोक राजपथ, पटना-800 004, बिहार
कॉफ़ी हाउस कैम्पस, महात्मा गांधी मार्ग, प्रयागराज-211 001, उत्तर प्रदेश
महात्मा गांधी अन्तरराष्ट्रीय हिन्दी विश्वविद्यालय, वर्धा-442 001, महाराष्ट्र
sales@vaniprakashan.in
vaniprakashan@gmail.com

Dalit Drashti
by Gail Omvet
Translated by Ramnika Gupta & Aqeel Quess

ISBN : 978-93-5000-726-6
Dalit Literature/ Criticism

मूल्य : ₹ 325

जी.एस. ऑफ़सेट, दिल्ली-110 095 में मुद्रित

वाणी प्रकाशन का लोगो मक़बूल फ़िदा हुसैन की कूची से

अनुक्रम

प्रस्तावना

दलित आन्दोलन तथा अन्य सामाजिक शक्तियों ने किस प्रकार ब्राह्मणवादी हिन्दू धर्म तथा हिन्दुत्ववादी संकीर्ण मानसिकता के उदारवादी रूपों, जिसने भारतीय समाज तथा इसके इतिहास की वर्चस्ववादी व्याख्या प्रस्तुत की है, से दो-दो हाथ किये हैं—प्रस्तुत पुस्तक इन सब की विवेचना का प्रयास करती है। यह पुस्तक प्रसंगवश आयी बातों को छोड़कर, 'हिन्दू' संरचना के आर्थिक तथा भौतिक आधार और उसके सम्मुख खड़ी चुनौतियों की चर्चा नहीं करती। जाति और धर्म की आर्थिक बुनियाद क्या है? वे कौन सी भौतिक शक्तियाँ हैं, जो इस भारतीय उपमहाद्वीप में ब्राह्मणवादी हिन्दू धर्म का वर्चस्व स्थापित करने में सहयोगी सिद्ध हुईं; जिन्होंने हिन्दू धर्म को अंग्रेजों के औपनिवेशिक सत्ता काल के अपने ताने-बाने में जड़ें जमाने दीं जिससे कांग्रेस शासन मजबूती से अपनी जड़ जमा सका? वे कौन सी भौतिक तथा आर्थिक ताकतें हैं, जो आज 'हिन्दुत्व' को इतना शक्तिशाली व उग्र बना रही हैं? और किस भौतिक आधार तथा राजनीतिक शक्तियों की सहायता से इनसे संघर्ष किया जा सकता है?

हालाँकि ये सभी महत्त्वपूर्ण प्रश्न हैं जिनका उत्तर देना ही पड़ेगा किन्तु ये प्रश्न इस पुस्तक के विचार क्षेत्र के बाहर हैं। प्रतीकात्मक तथा सांस्कृतिक का स्वयं अपना भी एक तर्क है। चाहे उसे हम भौतिक बुनियादी आधार की अपेक्षा गौण समझें अथवा बराबर महत्त्व का दायरा है, यही सच्चाई भी है भले ही इसे आर्थिक तथा राजनीतिक शक्तियों से अन्तर्गुम्फित समझा जाता है। भारतीय वामपंथियों ने सांस्कृतिक तथा प्रतीकात्मक मुद्दों पर समुचित ध्यान ही नहीं दिया है। इस प्रकार, कहा जा सकता है कि उन्होंने भारतीय संस्कृति के ब्राह्मणवाद के वर्चस्ववादी अर्थ तथा स्वरूप से आँखें चुराईं। दरअसल यह लड़ाई तो दलित जाति-विरोधी आन्दोलनों तथा कुछ हद तक हाल के दशकों के इतर सामाजिक

आन्दोलनों ने लड़ी है। हिन्दू धर्म से मुठभेड़ के इस इतिहास से सीख लेने का समय आ गया है।

6 दिसम्बर, 1992 को बाबरी मस्जिद का विध्वंस कर हिन्दुत्ववादी शक्तियों ने सिर्फ मुस्लिम समुदाय पर हल्ला नहीं बोला, वरन् उन्होंने जाति-युद्ध का बिगुल भी बजा दिया। इस घटना से सम्बद्ध कृत्यों तथा बयानबाजियों से यह स्पष्ट हो गया है कि विश्व हिन्दू परिषद, शिवसेना तथा भाजपा 'भगवान राम के जन्म स्थान' के सम्बन्ध में न्यायालय के निर्णय तथा देश के कानून को मानने को तैयार नहीं हैं। 'धर्म संसद' को देश की संसद के ऊपर बताने की कोशिश की जा रही है। यह वास्तव में दलितों, आदिवासियों, स्त्रियों, बहुजन समाज, श्रम तथा उत्पादन से जुड़ी जातियों तथा वर्गों, जिन्हें वर्णाश्रम धर्म ने निकृष्ट समझा है—से युद्ध की घोषणा है। यह युद्ध केवल राजनीतिक और आर्थिक स्तर पर नहीं बल्कि सांस्कृतिक तथा प्रतीकों के स्तर पर भी लड़ा जाना जरूरी है। इस युद्ध को केवल 'धर्म निरपेक्षता' के अस्त्र से ही नहीं बल्कि भारतीय इतिहास तथा पहचान के हर उस चप्पे-चप्पे पर लड़ा जाना है, जिस पर हिन्दू राष्ट्रवादियों ने अपना दावा ठोक रक्खा है।

भारतीय संस्कृति ब्राह्मणवादी वर्चस्व थोपने की हिन्दुत्व उपज है। इसके संघर्ष एवं लड़ाई का इतिहास भी उतना ही लम्बा है जितना हिन्दुत्व थोपने के प्रयासों की कथा है। यह पुस्तक इस जंग के कुछ महत्त्वपूर्ण क्षणों का पर्यावलोकन प्रस्तुत करने का प्रयास है।

सम्पादकीय प्रस्तावना

यह पुस्तक उस मानस की पड़ताल तथा समीक्षा करती है, जो भारतीय परम्परा का अर्थ हिन्दू धर्म समझता है और हिन्दू धर्म का अर्थ ब्राह्मणवाद; जो वेदों को भारतीय संस्कृति का बुनियादी पाठ मानता है तथा भारतीय सभ्यता का सारतत्त्व आर्य परम्पराओं में ढूँढता है। यह पुस्तक दिखाती है कि हमारे यहाँ धर्मनिरपेक्ष सोच वाले लोग भी इसी ब्राह्मणवादी मानसिकता से ग्रस्त हैं। यह बताती है कि हमारे धर्मनिरपेक्षतावादी विमर्श की भाषा हिन्दू संस्कारों से रंगी-पगी है। यह पुस्तक दलित आन्दोलनों के भीतर पल्लवित उन वैकल्पिक परम्पराओं से रू-ब-रू होने का उपक्रम करती है, जिन्होंने भारतीय समाज और इतिहास को देखने की इस भंगिमा पर सवाल खड़े किये हैं। यह उन दलित विचारधाराओं को समझने की कोशिश करती है, जिन्होंने प्रभुत्व-सम्पन्न हिन्दुत्ववादी व्यवस्था की शर्तों को बदलने के प्रयास किये हैं।

ओमवेट दिखाती हैं कि किस प्रकार दलित आन्दोलन के विभिन्न पक्षों ने दलितों पर अत्याचार-उत्पीड़न के निमित्त खड़ी की गयी संरचनाओं और दलित-उद्धार की आधारभूत शर्तों को देखने-परखने के नये मार्ग प्रशस्त किये हैं। जोतिबा फुले ने वर्ण व्यवस्था को हिन्दू धर्म की आत्मा के रूप में देखा। उत्पीड़न की जिस संस्कृति को यह धर्म पोषित करता है और जिस नृशंस दासता को यह स्वीकारता है, उन्होंने उसका पर्दाफाश करने का प्रयास किया। जोतिबा द्वारा प्रस्तुत 'आर्य सिद्धान्त' की पुनर्व्याख्या में आर्य ऐसे क्रूर और हिंसक हमलावर के रूप में हमारे सामने आते हैं, जिन्होंने एक समतावादी समाज को दास बनाया और उस पर ऊँच-नीच में बाँटने वाली और शोषणवृत्ति वाली एक व्यवस्था थोपी और हिन्दू धर्म को इस व्यवस्था को वैधता प्रदान करने वाली विचारधारा के रूप में अपनाया। ताराबाई शिंदे और पंडिता

रमाबाई ने सांस्कृतिक दासता की एक अन्य परत को उघाड़ा। उन्होंने हिन्दू धर्म को पितृसत्तावादी विचारधारा क़रार दिया और ब्राह्मणवादी पाठ में निहित पारम्परिक नैतिकता पर सवाल खड़े किये। उन्होंने इन मूल-पाठों को स्त्री-उत्पीड़न तथा पुरुषसत्तावादी दबदबे की जड़ माना। 1920 के दशक के आते-आते जाति-विरोधी तथा ब्राह्मण-विरोधी आन्दोलन का जनाधार और भी अधिक फैल गया। उनमें से कुछ ने ब्राह्मणवादी हिन्दू धर्म द्वारा निर्मित ढाँचे के भीतर ही रहकर अपनी दलित पहचान पर ज़ोर दिया। वे अपने लिए 'क्षत्रिय' हैसियत पाने के लिए और मन्दिरों में प्रवेश के अधिकार के लिए लड़े। अन्य दलित लोग जिनमें पंजाब का 'आदि धर्म', हैदराबाद का 'आदि-हिन्दू आन्दोलन', आन्ध्र का 'आदि-द्रविड़' तथा दक्षिण भारत का 'आदि-कर्नाटक'—इन सबने दलित उत्पीड़न के इतिहास को आर्य-विजय के इतिहास से जोड़ा। उन्होंने दावा किया कि इन विभिन्न क्षेत्रों के मूल निवासी गैर ब्राह्मण लोग हैं। मार्क्सवाद के प्रभाव में आकर आम्बेडकर ने दलितों और गैर ब्राह्मण मध्यमवर्गीय जातियों में एकता स्थापित करने की कोशिश की। उनका उद्देश्य था कि ब्राह्मण-बुर्जुवा लोगों की कांग्रेस पार्टी के विरुद्ध एक वर्ग तथा जाति को एकजुट किया जाये। जब हिन्दू साम्प्रदायिक शक्तियों ने रक्त, देश तथा भाषा के पारस्परिक सम्बन्ध पर जोर दिया तथा हिन्दी और संस्कृत को मूल भारतीय भाषा के रूप में प्रस्तुत किया, तो इतर भाषाई समूहों ने इसका उतना ही पुरज़ोर विरोध किया। इन समूहों ने अपनी पहचान पृथक् राष्ट्र के रूप में बताई। हिन्दू धर्म के भीतर विद्यमान केन्द्रीयकरण की प्रवृत्तियों और राष्ट्रवादी आग्रह की प्रतिक्रिया यह हुई कि जाति और ब्राह्मणवाद विरोधी आन्दोलनों ने उत्तर भारतीय दबदबे के विरुद्ध विद्रोह का रूप ले लिया। 1970 के दशक में एक नयी हलचल शुरू हुई यानी एक नये उग्र सुधारवाद का उभार। 'दलित पैंथर्स' ने दलित अनुभवों में मौजूद सर्वहारा तत्त्व की ओर इंगित किया और सांस्कृतिक तथा आर्थिक संघर्षों के बीच के आन्तरिक सम्बन्धों को चिह्नित किया।

प्रस्तुत पुस्तक में ओमवेट की बहस दो स्तरों पर चलती है। पहले स्तर पर वे दलित आन्दोलन के विभिन्न चरणों, उन आन्दोलनों की आकांक्षाओं और आदर्शों, धर्म, संस्कृति और सत्ता के अन्तःसम्बन्ध, जाति, लिंग और वर्ग-उत्पीड़न के मध्य सम्बन्ध तथा भाषा और पहचान के सम्बन्धों के सन्दर्भ में दलितों की समझ की विवेचना करती हैं। दूसरे स्तर पर वे दलित उद्धार के विषय में अपना दृष्टिकोण सामने रखती हैं। विभिन्न दलित विचारधाराओं की चर्चा में लेखिका की आवाज़ को सुना जा सकता है। ओमवेट शूद्र(पिछड़ी जातियों) और अतिशूद्र(अछूतों) के बीच एका स्थापित करने के प्रयासों की सराहना करती हैं। उनका मानना है कि इन समूहों

के पृथक् और स्वतन्त्र आन्दोलन, दोनों पक्षों को कमज़ोर करते हैं। यानी उनकी कमज़ोरी और असफलता की जड़ यही है। जो लोग आर्थिक शोषण तथा सांस्कृतिक उत्पीड़न को जुदा मानते हैं तथा वर्ग और जाति के मुद्दों को अलग बताते हैं, वे उनकी आलोचना करती हैं। वे ऐसे पृथक्करण से ऊपर उठने की कोशिशों की समर्थक हैं।

दलितों को एक वर्ग के रूप में देखने की ओमवेट की अवधारणा बहुतों को संदिग्ध मालूम हो सकती है। यह दृष्टिकोण इस बात पर बल देता है कि पिछड़ी जातियों और अछूतों के हित एक हैं। इसके उलट दूसरे लोग इन वर्गों के हितों में टकराव और विरोध देखना पसन्द करते हैं। लेखिका का दृष्टिकोण इन दोनों समूहों के अनुभवों के समान होने पर ज़ोर देता है, जबकि दूसरे लोग उनके बीच अन्तर की बात पर। लेकिन यह पुस्तक हमें अपने नज़रिए पर पुनर्विचार करने को विवश करेगी। यह उन **मान्यताओं** और **वर्गों**(में बँटवारे) को, जिन्हें हम बिना जाँचे-परखे सही मान लेते हैं, चुनौती देगी। यह हमें इतिहास की अपनी समझ पर पुनर्विचार करने का आग्रह करेगी। साथ ही जिन आवाज़ों को हम सुनने से मना कर देते हैं, या जिन दृष्टिकोणों ने दलितों की दुनिया को बदलने का प्रयास किया है, उन्हें समझने को यह पुस्तक हमें तैयार करेगी।

–नीलाद्रि भट्टाचार्य

विषय परिचय

अधिकांश लोगों के लिए यहाँ तक कि विद्वानों के लिए भी 'हिन्दू धर्म' एक दोषरहित अवधारणा है। भारत के मूलजन हिन्दू हैं और उनका आदि धर्म हिन्दू धर्म है। ऋग्वेद से लेकर दार्शनिकों तथा समकालीन राजनीतिज्ञों का भी मानना है कि हिन्दू धर्म व्यावहारिक जीवन से जुड़ी एक विलक्षण आध्यात्मिक विचारधारा है; इस धर्म का इस विभिन्नता भरे उपमहाद्वीप में अपना एक ठोस भौगोलिक आधार है। हालाँकि इसका स्थायित्व समय-समय पर हुए आक्रमणों, विजयों तथा अन्य विघ्नों से भंग हुआ है। इन सब के बावजूद इस धर्म ने अपनी निरन्तरता बनाए रखी है। इस धर्म ने घोर अनुचित सामाजिक वैषम्य को जन्म दिया है किन्तु इन सबके विरुद्ध प्रतिरोध भी इसकी कोख से ही जन्मा है। लचीलापन, बहुलतावाद तथा कट्टरहीनता इसके सर्वप्रमुख गुण हैं। यह भी कहा जाता है कि 'वैचारिक कट्टरता'(orthodoxy) का इस धर्म में कोई स्थान नहीं है (हालाँकि इसमें व्यावहारिक शास्त्र-सम्मति का आग्रह (orthopraxy) हो सकता है)। इसकी धार्मिक परम्पराओं की जड़ें वेदों और उपनिषदों तक जाती हैं। इस ने ही जैन, बौद्ध तथा सिक्ख धर्मों को जन्म दिया, जिनकी जड़ें परम्पराओं के एक ही उर्वर निरन्तरता से नालबद्ध हैं। ये धर्म भारत तथा हिन्दू धर्म द्वारा विश्व को दिये गये अवदान का हिस्सा हैं।

भारत पर लोकप्रिय तथा विद्वत्तापूर्ण लेखन में हिन्दू धर्म की यही छवि छाई रही है, जिसमें इस उपमहाद्वीप के सांस्कृतिक वैविध्य को वेदान्त दर्शन से निर्देशित होने पर ज़ोर दिया गया है। केवल एक उदाहरण लें। महाराष्ट्र में धर्म पर लिखने वाले दो विद्वान अपनी 'दि एक्सपीरियंस ऑफ हिंदुइज़्म' नामक पुस्तक में दलित, मार्क्सवादी तथा भक्ति परम्पराओं को समान बताते हैं तथा उन पर वेदान्त के प्रभाव की पुष्टि करते हुए कहते हैं—

"आज के बौद्ध, जैन, मुस्लिम, ईसाई ही नहीं, मार्क्सवादी भी हिन्दू धर्म के प्रभाव से अछूते नहीं हैं। वे सब अन्तर्मन से 'हिन्दू भारतीय' हैं... 'हिन्दू भारतीय' होने का क्या अर्थ है? इसमें कौन-सी बातें शामिल हैं? मुख्य रूप से परलोक और मर्त्यलोक दोनों में विश्वास करना तथा उनमें संगति स्थापित करना। इन दोनों में परलोक का स्थान पहला है। 'ब्राह्मण' और 'माया' दोनों सत्य हैं पर ब्राह्मण ही अन्तिम सत्य है। इस स्थायी/अस्थायी द्वैतवाद को वेदान्त के अद्वैतवादी दर्शन में एक मान लिया गया है।"[1]

जैसा कि इस पुस्तक में आगे पता चलेगा बहुतेरे लोग उपरोक्त बातों के घोर विरोधी हैं। ख़ास बात यह है कि उनके लचीले और विविधता सम्पन्न रूप के पीछे अपने प्रभुत्व के दावे की कठोरता छिपी है। 'दोनों लोकों में परलोक का स्थान पहला है' के दावे से ही विश्व हिन्दू परिषद की इस राजनीतिक सोच का जन्म हुआ है कि 'हिन्दू परम्पराओं' के रूप में परिभाषित विचारधारा के विभिन्न रूपों (जिनमें आमतौर पर सिक्ख, जैन, बौद्ध, आर्यसमाजी और सनातन मत ही गिने जाते हैं) का मूल पारम्परिक हिन्दू धर्म यानी सनातन धर्म ही है।

हिन्दुत्ववादी आधुनिक राजनीति का जन्म सरकार द्वारा घोषित हिन्दू बहुलतावाद और सहनशीलता की खुशगप्पियों से और गरीबी तथा आर्थिक उथल-पुथल से हुआ है। हिन्दुत्व यानी उग्र हिन्दू धर्म या हिन्दू राष्ट्रवाद। पूर्व स्थापित दावे में इस सोच के समर्थकों ने यह बात भी जोड़ दी कि भारत के लोगों का मुख्य धर्म हिन्दू धर्म ही है अर्थात् यही राष्ट्रीय धर्म है। यानी इस उपमहाद्वीप की लोक परम्परा को सबसे पहले मुसलमान आक्रमणकारियों द्वारा, फिर ब्रिटिश उपनिवेशवादी सत्ता द्वारा किये गये आक्रमण, दमन, अपमान तथा तिरस्कार का सामना करना पड़ा है। और अब समकालीन राज्य-सत्ता स्वयं को धर्मनिरपेक्ष घोषित कर हिन्दू धर्म का, इसकी अपनी ही भूमि पर मानमर्दन कर रही है और मुस्लिम तथा ईसाई अल्पसंख्यकों का तुष्टिकरण कर रही है। हिन्दू धर्म की महान विशेषता अन्य विश्वासों के प्रति उदार सहनशीलता की रही है, पर इसके शत्रुओं ने इसका अनुचित लाभ उठाया है। हिन्दुओं को अब मजबूत, उग्र तथा अभिमानी होना चाहिए तथा अपनी प्रभावशाली भूमिका निभाने में उन्हें संकोच नहीं करना चाहिए।

आज वाम तथा लोकतांत्रिक शक्तियों तथा सभी नये सामाजिक आन्दोलनों द्वारा हिन्दुत्व या हिन्दू राष्ट्र के बढ़ते प्रभाव के विरुद्ध आपत्ति करने तथा संगठित होने की कोशिश की जा रही है। इनमें से अधिकांश ने साम्प्रदायिकता के विरुद्ध

मोर्चा बनाया है पर हिन्दू धर्म के विरुद्ध नहीं। विरोध के इस धर्मनिरपेक्ष रूप का तर्क है कि भारतीयों को अपनी धार्मिक पहचान से ऊपर उठकर एक राष्ट्र के नागरिक तथा मनुष्य होने के नाते एकजुट होना चाहिए। यह उनके साम्प्रदायिकता विरोधी लोकप्रिय गीत से भी परिलक्षित होता है—

मन्दिर मस्जिद गिरिजाघर में बाँट लिया भगवान को
धरती बाँटी सागर बाँटा
मत बाँटो इनसान को
हिन्दू कहता मन्दिर मेरा, मन्दिर मेरा धाम है
मुस्लिम कहते मस्जिद मेरी, अल्ला का ही नाम है
दोनों लड़ते, लड़-लड़ मरते, लड़ते-लड़ते ख़त्म हुए...

इस गीत के उत्तर भाग में राजनीतिक नेताओं के षड्यन्त्र और साम्प्रदायिकता द्वारा निरन्तर शोषण का वर्णन है। दिलचस्प बात यह है कि समान पहचान की इसकी अपील भी इस विचार से प्रेरित है कि भारत हिन्दुओं का घर है जबकि *मुसलमानों* की निष्ठा कहीं और ही है।

साम्प्रदायिकता के विरोध का दूसरा तरीका हिन्दू परम्पराओं की ओर पुनः *उन्मुख होने का रहा है* और यह दिल्ली के कई साम्प्रदायिकता-विरोधी बुद्धिजीवियों में पिछले कुछ सालों में विकसित हो रहा है। मधु किश्वर ने 'मानुषी' पत्रिका में 'इन डिफेंस ऑफ आवर धर्म' नामक स्तम्भ में प्रकाशित अपने कई लेखों में इस सोच की मुखर वकालत की है। वे इस आलोचना से सहमति जताती हैं कि नेहरूवादी तथा आधुनिक वाम 'धर्मनिरपेक्षता' पहचान की आवश्यकता को पूरा करने के लिए अपर्याप्त है। वे कहती हैं कि भक्ति परम्पराएँ ही 'वास्तविक हिन्दू धर्म' हैं और राम का उग्र रूप एक विकृत प्रस्तुति है तथा जातिवाद बड़ी हद तक औपनिवेशिक देन है। इस दृष्टिकोण का कई धर्मनिरपेक्ष नारीवादियों द्वारा विरोध हुआ है पर इसमें शक नहीं कि कई लोगों, विशेषकर मध्यवर्गीय उच्च जाति के भारतीयों को इसने प्रभावित किया है; यहाँ तक कि उच्च जाति के वामपंथियों में भी इस ओर लगातार आकर्षण बढ़ा है। यह साम्प्रदायिकता विरोधी अभियान द्वारा तैयार किये गये पोस्टरों से भी परिलक्षित होता है। इन पोस्टरों में रावण के शरीर पर राम का मुखौटा चढ़ाकर दिखाया गया है। इस प्रकार यह साम्प्रदायिकता विरोधी मोर्चा राम की एक विनम्र छवि प्रस्तुत करता है और रावण के सम्दर्भ में यह मानकर चलता है वह राक्षसी विकृतियों से ग्रस्त है।

हिन्दुत्व विरोध के ये दो रूप यानी 'धर्मनिरपेक्षता' तथा 'हिन्दू सुधारवाद'—दोनों का ही प्रेरणा स्रोत नेहरूवादी तथा गांधीवादी परम्पराएँ हैं। हिन्दुत्ववादी शक्तियों

की उग्र राजनीति के विरोध की इनकी नीयत पर शक करने का कोई कारण नहीं है किन्तु उनके द्वारा प्रस्तुत हिन्दू धर्म के उस रूप की तर्कसंगति पर प्रश्नचिह्न लगाया जा सकता है, जिसमें 'हिन्दू' को ही भारतीय तथा 'हिन्दू धर्म' को भारतीय परम्पराओं का नाम देने का प्रयास किया गया है।

इन धर्मनिरपेक्षतावादियों तथा हिन्दू सुधारवादियों के अलावा भी आज भारत में ऐसे कई स्वर सुने जा सकते हैं, जो न सिर्फ भारतीय जनता पार्टी तथा विश्व हिन्दू परिषद द्वारा प्रस्तुत हिन्दू धर्म को शंका की दृष्टि से देखते हैं बल्कि हिन्दू धर्म के भारत के आदि शक्ति के रूप में अस्तित्व का ही विरोध करते हैं। 'गुना' नामक एक तमिल दलित विद्वान तथा कार्यकर्ता कहते हैं–

> "हिन्दू धर्म की विचारधारा, जिसका निर्माण उत्तर भारत में मुस्लिम शासन के संगठित होने के समय हुआ था...का पता तमिलों को ब्रिटिश औपनिवेशिक शासन के पहले तक ज़रा भी नहीं था...ब्राह्मणों ने, जो अंग्रेज़ी पढ़े-लिखे हुए थे और जिन्हें विदेश में अध्ययन का अवसर सुलभ था, यूरोपवासियों द्वारा कल्पित 'हिन्दुस्तान' नामक राजनीतिक सत्ता से प्रेरणा पायी। इस उधार लिए विचार से वे भिन्न-भिन्न पंथों तथा ब्राह्मणवादी वर्ण व्यवस्था को बड़े फूहड़ ढंग से मिलाकर उसे 'हिन्दू धर्म' का नाम दे सके। इस विचारधारा के अस्तिव में आने से...एक छद्म धार्मिक राजनीतिक अवधारणा का निर्माण हुआ, जिसके आधार पर उन्होंने हिन्दू राष्ट्रीयता के मिथकों के ताने-बाने गढ़े...इस प्रकार 'हिन्दू' शब्द का जन्म केवल दो शताब्दी पूर्व हुआ और वह आज भी रंगहीन, गन्धहीन, आकारहीन भ्रामक कृत्रिम संरचना है।"[2]

'गुना' एक व्यापक परम्परा या परम्पराओं के समुच्चय का हिस्सा है। इस परम्परा या इन परम्पराओं ने भारतीय पहचान (अथवा पहचानों) की वैकल्पिक *व्याख्याएँ* प्रस्तुत की हैं। किसानों (और स्त्रियों), खासतौर पर इस महाद्वीप के दक्षिणी, पश्चिमी तथा बहिर्वर्ती क्षेत्रों में व्याप्त परम्पराओं से अभिप्रेरित इन व्याख्याओं की जड़ें समाज की निम्न जातियों, दलितों और गैर ब्राह्मणों के बीच फैली रही हैं। वर्तमान समय में ये फुले, आम्बेडकर तथा पेरियार जैसे नेताओं से प्रेरणा ग्रहण करती हैं; ये बिरसा मुंडा और वीर नारायण सिंह जैसे *विद्रोही नेताओं* को पसन्द करती हैं। ये बुद्ध और चारवाक, महावीर, कबीर तथा गुरु नानक और बासवप्पा की परम्परा की हैं; ये शिवाजी सरीखे वीरों को अपना होने का दावा करती हैं। हालाँकि ये उनकी हिन्दूवादी व्याख्या का विरोध भी करती हैं किन्तु मोहनजोदड़ो के गौरव पर भी अपना दावा करती हैं और लूटमार करने वाली 'आर्यजाति' नहीं बल्कि उससे पूर्व की जनजातियों की विरासत पर भी दावा

ठोकती हैं। हिन्दुत्ववाद के धर्मनिरपेक्ष विरोध के विपरीत, ये पहचान की राजनीति की वकालत करती हैं और सुधारवादी हिन्दू पहचानों के विपरीत, ये हिन्दू धर्म को ही दमनकारी/जातिवादी/पितृसत्तावादी तन्त्र के रूप में परिभाषित करती हैं।

दलित आन्दोलन जो पहले पूर्व-अछूत जातियों पर आधारित था, अब कई दक्षिणी तथा तटीय क्षेत्रों को गैर-ब्राह्मण जातियों को शामिल कर और भी व्यापक रूप ले रहा है। हाल के वर्षों में इसने इस विचारधारात्मक चुनौती को हिन्दू धर्म के विरोध में बड़ी मज़बूती से प्रस्तुत किया है। वास्तव में हिन्दू धर्म के वर्चस्व तथा तार्किकता को चुनौती देने की प्रेरणा दलित राजनीति की बुनियाद में ही है।

दलित राजनीति को लड़ाकू संगठनों यथा दलित पैंथर्स, गुटों में विभाजित रिपब्लिकन पार्टी, बहुजन समाज पार्टी की रैलियों या निम्न जातियों के नक्सल संगठनों द्वारा किये जा रहे विद्रोह के रूप में देखना अपर्याप्त होगा। ब्राह्मण वर्चस्व के प्रति चुनौती के रूप में दलित राजनीति ने 1970 तथा 1980 के दशकों में वृहद रूप धारण किया। इस राजनीति द्वारा उठाए गये मुद्दे पिछड़ी जातियों (अर्थात् पारम्परिक वर्णाश्रम के अन्तर्गत शूद्र), किसानों, स्त्रियों और जनजातियों के आन्दोलनों को प्रेरित करते रहे हैं। विशेष रूप से दलित पैंथर्स की स्थापना के वर्ष 1972 को दलित आन्दोलन के नये चरण के आरम्भिक वर्ष के रूप में देखने से पता चलता है कि यह वर्ष कई अन्य नये सामाजिक आन्दोलन के लिए भी निर्णायक रहा है—अहमदाबाद में **'सेवा'** की स्थापना से लेकर टिहरी गढ़वाल के हिमालयी तलहटी क्षेत्र में एक नये पर्यावरण आन्दोलन के उभार तक, पंजाब तथा तमिलनाडु में किसानों के संगठित आन्दोलन से लेकर मध्य भारतीय क्षेत्र के झारखंड में जनजातियों द्वारा स्वायत्तता के लिए चलाए गये आन्दोलन तक। लेकिन हिन्दू राष्ट्रवादी शक्तियाँ भारतीय संस्कृति पर अपना वर्चस्व स्थापित करने तथा उसे एक विशेष रंग देने का जो प्रयास कर रही थीं—उसके विरुद्ध ये आन्दोलन उस प्रकार का प्रत्यक्ष विरोध नहीं कर पाये—जैसा दलित आन्दोलन कर रहे थे।

उन्होंने सांस्कृतिक समीक्षा का सम्बन्ध एक व्यापक सामाजिक-आर्थिक विकास की समीक्षा से जोड़ा है और अति केन्द्रीकृत राजनीतिक प्रणाली के प्रति विरोध जताया है। '80 के दशक के अन्त तक इन विषयों के आपस में संवाद स्थापित करने तथा मिलने की परिघटना को देखा जा सकता है। 1989-91 की घटनाओं से इस आन्दोलन को धक्का लगा और परिणामस्वरूप हिन्दू राष्ट्रवादी शक्तियों ने नयी उग्रता के साथ सिर उभारा। आशा है कि दलित आन्दोलन को लगा यह धक्का अस्थायी होगा।

हिन्दू धर्म की संरचना

क्या हिन्दू धर्म मात्र एक निर्मिति है और वह भी हाल में ही गढ़ी हुई? एक अर्थ में सभी राष्ट्रवादी सिद्धान्त तथा पहचानें निर्मिति ही होती हैं। यहाँ यह कहना भी समीचीन मालूम होता है कि भारतीय उपमहाद्वीप को एक ऐसा राष्ट्र, जिसका धर्म हिन्दू है, बताने के प्रयास का इतिहास अधिक पुराना नहीं है। इसे राम पर केन्द्रित राष्ट्रीय धर्म के रूप में प्रस्तुत करने का प्रयास तो कुछ ही दशक पुराना है।

हिन्दू शब्द पुराना है और सिन्धु नदी के नाम से व्युत्पन्न है। आज हिन्दू धर्म के जिस स्वरूप का प्रचार किया जाता है, उसकी जड़ें वेदों में हैं। वेद अर्थात् भारतीय-यूरोपियनों द्वारा रचित काव्य-रचना, जिनका आगमन भारत की सर्वप्रथम नागर संस्कृति के कई शताब्दियों बाद इस भूमि पर हुआ। अधिकांश समकालीन पुरातत्त्वविदों को इस बात में सन्देह है कि उस आदि सभ्यता के विनाश के पीछे आर्य ही मुख्य शक्ति थे। किन्तु यह बहुत ही स्पष्ट है कि वेदों की कई आरम्भिक कविताएँ इस आदि सभ्यता के पतन का जश्न मनाती हैं, जिनमें वृष्टि-देवता इन्द्र को नगरों के विनाशकर्ता तथा जल के मुक्तिदाता के रूप में चित्रित किया गया है। कुछ भी हो, इस 'आर्य नामी घुमक्कड़ जाति' के धर्म को चाहे हम कुछ भी नाम दें, यह आज का हिन्दू धर्म नहीं था। इसका प्रतिपादन तो मगध तथा मौर्य साम्राज्य की स्थापना के काल में हुआ है, जिस काल में उपनिषदों के वेदान्त दर्शन की रचना तथा मनुस्मृति द्वारा प्रेरित सामाजिक वर्ग का संगठनीकरण हुआ। बौद्ध और जैन धर्म तथा (भौतिकवादी चारवाक परम्परा भी) समान रूप से पुराने थे और जैन धर्म का यह दावा कि उनकी जड़ें मोहनजोदड़ो तक पहुँचती हैं, में कुछ दम है। दूसरे शब्दों में, आज जिस हिन्दू धर्म से हम परिचित हैं, वह उपमहाद्वीप के भिन्नतापूर्ण सांस्कृतिक परम्पराओं के भीतर के कई सांगठनिक संरचनाओं में से एक था और इसे सामाजिक तथा राजनीतिक वर्चस्व बौद्ध धर्म तथा जैन धर्म से

इसके ख़ूनी संघर्ष के बाद 6ठी से 10वीं शताब्दी के दौरान प्राप्त हुआ।

इसी काल में यह उपमहाद्वीप एक भौगोलिक क्षेत्र के रूप में पूरे संसार में 'हिन्दुस्तान' के नाम से प्रसिद्ध हुआ। पर इस नाम का धर्म से कुछ लेना-देना नहीं था और इस देश के मुस्लिम शासक भी हिन्दुस्तानी के रूप में जाने जाते थे। दक्षिण भारत में दो पृथक् बृहत धार्मिक धाराएँ थीं—शैव धर्म तथा वैष्णव धर्म। कालान्तर में जिसे हिन्दू धर्म का नाम दिया गया, ये दोनों उसकी आन्तरिक धाराएँ बनीं। इन धाराओं का प्रभाव दक्षिण-पूर्वी एशिया में अलग-अलग परम्पराओं के रूप में फैला।

इसी काल में सनातन हिन्दू धर्म को ब्राह्मणवादी हिन्दू धर्म के मुख्य विषय के रूप में प्रतिष्ठापित होते देखा जा सकता है। इस सनातन धर्म का अर्थ था वेदों तथा ब्राह्मण जाति के प्रभुत्व को स्वीकार करना। उनमें दूसरों को आत्मसात करने तथा सहयोजित करने की प्रचण्ड शक्ति थी, जिसका प्रयोग असहमति जताने वाले तत्त्वों पर वे तब तक करते थे, जब तक कि वे जाति आधारित व्यवस्था के भीतर अपना स्थान स्वीकार न कर लें। इस सामाजिक व्यवस्था का भौतिक आधार गाँव की जाति, यजमानी तथा छुआछूत वाली प्रचलित उर्वर व्यवस्था में था, तो भी इस बात में सन्देह है कि इस काल में आम आदमी अपनी पहचान हिन्दू के रूप में देखते होंगे। उस समय स्थानीय देवी-देवताओं की संख्या काफ़ी थी और ये आज भी आम आदमी के धार्मिक जीवन में प्रमुख स्थान रखते हैं। इसी काल ने भक्ति सम्प्रदाय को, जो कि कुछ मामलों में ग़ैर-वैदिक देवताओं (यथा महाराष्ट्र में विठोबा) पर आधारित था को जन्म दिया। इन ग़ैर-वैदिक देवताओं ने जाति-भेद तथा ब्राह्मण प्रभुत्व के विरुद्ध विद्रोह किया था। भक्ति की इन धाराओं में से कई धाराएँ धार्मिक पंथों के रूप में विकसित हो गयीं। ये पंथ स्वयं को स्पष्ट रूप से अहिन्दू कहते हैं, जैसे कि सिक्ख धर्म तथा वीरशैव धर्म।

वास्तव में औपनिवेशिक भारत में ही हिन्दुस्तान (भूमि) तथा इसमें रहने वालों को एक धर्म विशेष यानी हिन्दू धर्म से जोड़कर देखने का संगठित प्रयास किया गया तथा इस हिन्दू धर्म की व्याख्या इस महाद्वीप के प्राचीन तथा आदि धर्म के रूप में की गयी। यही हिन्दू धर्म की संरचना थी। यह सच है कि यूरोपवासियों ने अपनी रंगभेदी मानसिकता, कल्पनाशीलता तथा वेदों और पूर्ववाद के प्रति अपने सम्मोहन के कारण हिन्दू धर्म की इस व्याख्या में एक महत्त्वपूर्ण भूमिका निभाई, मगर हिन्दू धर्म के निर्माण में भारतीय अभिजात वर्ग की महती भूमिका थी। 19वीं सदी में लोकमान्य तिलक सरीखे लोगों ने आर्य नस्ल की परिकल्पना को अपनाया और वेदों को अपना प्रमुख साहित्य माना और उच्च जाति के भारतीय को गौरवर्ण

की नस्ल का माना। तिलक पहले व्यक्ति थे, जिन्होंने गणेश पूजा को बड़े पैमाने पर प्रोत्साहित कर लोगों की एक बड़ी संख्या को ब्राह्मणवादी नेतृत्व में गोलबन्द करने का प्रयास किया। शिवाजी को हिन्दू राज के संस्थापक के रूप में प्रस्तुत करने के पीछे भी मुस्लिम विरोधी भावना अन्तर्निहित थी। हिन्दू राज की इस स्थापना की प्रक्रिया का विरोध वैचारिक आधार पर 19वीं सदी में ही हो चुका था।[1] इस शताब्दी के अन्त तक रूढ़िवादियों ने उच्च जाति के सुधारवादी विरोधियों पर पूरी शक्ति से आक्रमण किया तथा उन पर राष्ट्र विरोधी होने का आरोप लगाया। वे सामाजिक सुधार कॉन्फ्रेंस को राष्ट्रीय कांग्रेस के साथ किसी प्रकार की समन्वित सभा करने से रोकने में सफल रहे।

1920 के दशक में हेडगेवार द्वारा 'राष्ट्रीय स्वयंसेवक संघ' की स्थापना तथा सावरकर द्वारा 'हिन्दू महासभा' की स्थापना के साथ ही महत्त्वपूर्ण स्थितियाँ उभर कर सामने आयीं। सावरकर ने सबसे पहले सम्पूर्ण हिन्दू राष्ट्रवाद या हिन्दुत्व की घोषणा नस्ल का सम्बन्ध ख़ून और ज़मीन से स्थापित करते हुए की। उन्होंने स्वयं को नास्तिक बताया। उनका सिद्धान्त भले ही धर्म पर ज़ोर कम देता था लेकिन संस्कृति तथा आर्यों से सम्बद्ध उनके विचार स्पष्ट थे। हिन्दू तथा उर्दू भाषा के मेल के विचार मात्र से ही उन्हें घृणा थी। भारत के भाषाई तथा सांस्कृतिक वैविध्य की बात को वे स्वीकार नहीं करते थे। उनकी राजनीति सदा मुस्लिम-विरोधी बनी रही।

तिलक और सावरकर दोनों महाराष्ट्र के चितपावन ब्राह्मण थे। इस जाति के शासकों ने ब्रिटिश सत्ता के हाथों पश्चिमी भारत से विस्थापित होने की यातना झेली थी। 1920 के दशक से ही ये चितपावन ब्राह्मण एक गैरब्राह्मण तथा दलित आन्दोलन के दबाव में थे। महत्त्वपूर्ण बात यह है कि 1930 के दशक में आर्य जाति की विरासत पर दावा की, जो ज़बर्दस्त पुनर्व्याख्या की गयी, वह स्पष्टतया इस ग़ैरब्राह्मण आन्दोलन द्वारा इस स्थापना के उलट दिये जाने से उत्पन्न दबाव से ही अभिप्रेरित थी। इस पुनर्व्याख्या में आर्य धर्म और वेद तथा संस्कृत को हिन्दू धर्म का मूल बताने का ही केवल प्रयास नहीं किया गया वरन् इसकी वकालत में गोलवलकर सरीखे विचारकों ने कहना शुरू किया कि आर्य लोग इस उपमहाद्वीप के मूल निवासी हैं।[2]

इसके बावजूद हिन्दू राष्ट्रवाद ने उत्तर भारत में ही अपना ठोस आधार बनाया, जहाँ 'हिन्दी-हिन्दू-हिन्दुस्तान' का भड़काऊ नारा कुछ अर्थ रखता था। इस क्षेत्र में पूर्ववर्ती राज्यों में मुसलमानों का शासन रहा था और समाज के सभी वर्ग के मुसलमानों की एक बड़ी संख्या यहाँ मौजूद थी। अतः हिन्दू धर्म को ही राष्ट्रवाद

के रूप में वैचारिक रूप से प्रतिपादित करने के पीछे धार्मिक समुदाय से बढ़ता हुआ तादात्म्य स्थापित करना था। किसान, कारीगर और अन्य अपनी पहचान हिन्दू या मुसलमान के रूप में करते थे। यह स्थिति एक अत्यन्त मज़बूत भाषाई एवं सांस्कृतिक संश्लेषण से तोड़कर स्थापित की गयी। इस प्रयास को ज्ञान पाण्डेय उत्तर भारत में साम्प्रदायिकता की बुनियाद के रूप में देखते हैं। दोनों ही समुदाय न केवल अपनी पहचान धर्म के आधार पर करने लगे बल्कि उन्होंने अपने संरक्षण के लिए राजनीतिक सत्ता का भी इस्तेमाल किया। इस प्रक्रिया को उत्तर भारत में साम्प्रदायिकता के निर्माण की संज्ञा देते हुए पाण्डेय इस सन्दर्भ में कहते हैं कि प्राचीन हिन्दू भारत के गौरव को दर्शाने वाले 'हिन्दू राज' की स्थापना करके मुसलमानों को अपनी हैसियत जता देने के विचार के प्रतिरोध स्वरूप कुछ समय बाद मुसलमानों के संरक्षण हेतु 'मुस्लिम राज' का विचार भी आया।[3] इस तनाव के कारण धीरे-धीरे राष्ट्रीय स्तर पर पृथक् पहचान स्थापित करने के प्रयास हुए।

एक बार जब अखिल भारतीय स्तर पर हिन्दू तथा मुसलमान दो समुदायों का पृथक् अस्तित्व स्वीकार कर लिया गया, तो एक ऐसी राष्ट्रीय पहचान, जो इन पर अभिभावी हो, के निर्माण के केवल दो ही रास्ते बचते थे। एक रास्ता गाँधी द्वारा तथा दूसरा नेहरू तथा वामपंथियों द्वारा अपनाया गया। गाँधीजी द्वारा प्रस्तुत समाधान के अनुसार भारत को कई समुदायों का मेल माना गया, जिसमें प्रत्येक समुदाय अपनी पहचान बनाए रखे किन्तु साथ ही साथ वह सभी धर्मों में सन्निहित सहिष्णुता और प्रेम की भावना से एक-दूसरे से व्यवहार भी करे। नेहरूवादी समाधान आधुनिकता और समाजवाद, जो कि पृथक् धार्मिक सामुदायिक पहचान से परे थी और इसे नकारती भी थी, के आधार पर एक धर्मनिरपेक्ष पहचान के विकास की बात करता था।

गाँधी द्वारा प्रतिपादित समाधान में लोक-परम्पराओं के महत्त्व की गहरी पहचान थी। वास्तविकता यह है कि अपने समग्र राजनीतिक जीवन में ऐसी परम्पराओं को आधार-स्रोत के रूप में इस्तेमाल करने की योग्यता ने ही उन्हें अपने समय का सबसे महत्त्वपूर्ण जननेता बनाया था। उन्हें इससे उद्योग-केन्द्रित विकास के सिद्धान्त से अलग, विकास का एक अन्य आदर्श प्रस्तुत करने में भी मदद मिली। गाँधी ने स्वयं को हिन्दू घोषित किया पर हिन्दू होने के विषय में अपनी व्याख्याएँ भी प्रस्तुत कीं, जो कभी-कभी हैरतअंगेज़ होती थीं। उन्होंने वेदों, उपनिषदों, स्मृतियों तथा पुराणों को यहाँ तक कि रामायण तथा महाभारत को भी हिन्दू-ग्रन्थ माना पर उनकी व्याख्या अपनी समझ के अनुसार करने का अधिकार अपने पास सुरक्षित रखा। उन्होंने ऐसी कोई

बात, जो उनके अध्यात्म के विचार से मेल नहीं खाती थी, यह कहते हुए अस्वीकार कर दी कि–"ऐसी कोई भी बात जिसे तर्क की कसौटी पर परखा न जा सके या जिसका स्वतः अनुभव नहीं किया जा सके, उसे ईश्वरवाणी के रूप में स्वीकार नहीं किया जा सकता।"[4] लेकिन हिन्दू की पहचान को इस रूप में स्वीकारने का अर्थ था इसमें निहित जाति-तत्त्व को विलीन कर देना–

> ''जाति का धर्म से कोई लेना-देना नहीं है...यह आध्यात्मिक तथा नैसर्गिक दोनों प्रकार के विकास के लिए हानिकारक है। वर्ण तथा आश्रम ऐसी संस्थाएँ हैं, जिनका जाति से कोई सम्बन्ध नहीं है। वर्ण का नियम यह शिक्षा देता है कि हममें से प्रत्येक को अपने पूर्वजों के पेशे के अनुसार अपनी आजीविका अर्जित करनी है। एक ब्राह्मण का आध्यात्मिक गुरु का पेशा तथा एक सफ़ाई वाले का पेशा समान है और उनका उचित रूप से निर्वाह, ईश्वर के समक्ष समान महत्त्व रखता है और ऐसा मालूम होता है कि किसी समय ये लोगों की दृष्टि में भी बराबर का महत्त्व रखते थे।''[5]

यह दृष्टिकोण मनुष्य की हैसियत या पेशा उसके वंश के अनुसार नियत करता था और स्पष्ट है कि उग्र निम्न जातियों ने इसे अस्वीकार कर दिया।

सामाजिक सुधार तथा विकास का गाँधी द्वारा प्रस्तावित मार्ग, जो कि औद्योगिक समाज की ज़ोरदार आलोचना से उत्पन्न हुआ था, एक प्रकार के निर्वाह योग्य विकेन्द्रित समाज का 'हरित' अर्थात् पर्यावरण-अनुकूल प्रस्तुतीकरण था, किन्तु अन्ततः यह ब्राह्मणवादी सोच से ही जुड़ता था। यह सोच थी आवश्यकताओं के नियन्त्रण की जिसमें टेक्नोलॉजी तथा लैंगिकता दोनों को मनुष्य की इच्छा (माया) से जोड़ने वाला कारक माना जाता था और जिसमें बुद्धिजीवियों की भूमिका पथ प्रदर्शक की मानी गयी। 'रामराज्य' ने गाँधी की न केवल एक हिन्दू की छवि बनाई बल्कि उच्च वर्गों के हितों के प्रवक्ता के रूप में भी उन्हें स्थापित किया।

यह आश्चर्य की बात नहीं कि गाँधी की महत्तम आकांक्षाएँ, टकराव तथा असफलताएँ जाति के मुद्दे पर ही थीं। द्वितीय गोलमेज़ सम्मेलन के दौरान आम्बेडकर के साथ उनके टकराव से यह बात सामने आयी कि गाँधी ने अपनी हिन्दू पहचान को राष्ट्रीय नेता के रूप में अपनी पहचान से ऊपर रखा।[6] फलतः गाँधी के साहस या उग्र हिन्दूवाद के ही हाथों उनकी हत्या के बावजूद, कई निम्न जातियों का उनसे और उनके गैर-साम्प्रदायिक हिन्दूवाद से मोहभंग हो गया। आम्बेडकर का मत था कि 'गाँधी युग भारतीय राजनीति का अन्धकार युग है। इस युग में लोग भविष्य के प्रतिमानों की ओर देखने की बजाय प्राचीन काल की ओर

लौट रहे हैं।'[7] यह कठोर टिप्पणी पारम्परिक हिन्दू धर्म के मुक़ाबले आधुनिकता के प्रति दलित रुझान का संकेत था।

उधर नेहरूवादी धर्मनिरपेक्षतावाद के दूसरे विकल्प की अपनी ही समस्याएँ थीं। गाँधी की तरह, नेहरू ने भी 'हिन्दू पहचान' के अस्तित्व को मान लिया था। गाँधी के विपरीत, उनका विचार था कि आधुनिक भारत का निर्माण धार्मिक पहचान की उपेक्षा करते हुए किया जाना चाहिए, चूँकि ये पहचानें आधुनिक भारत में अन्ततः अप्रासंगिक या गौण थीं। वाममार्गी तथा नेहरूवादी समाजवादी दोनों ही ने वर्ग को सामाजिक स्तर पर अन्तिम सत्य माना और अमूर्त राष्ट्रवाद की सहायता से इसका प्रतिकार करना चाहा—यह मानते हुए कि सभी साम्प्रदायिक/धार्मिक पहचानें सामन्तवादी हैं। उनका विश्वास था कि आर्थिक तथा तकनीकी विकास के साथ इस प्रकार की पहचानें निष्प्रभावी हो जायेंगी। नेहरूवादी (और वाममार्गी) धर्मनिरपेक्षतावाद उनके औद्योगिक/वैज्ञानिक प्रगति में सहज विश्वास के कारण टिकाऊ मालूम होता है—

> ''मेरी राय में सही समाधान तभी आयेगा, जब सभी धार्मिक समूहों को प्रभावित करने तथा साम्प्रदायिक सीमाओं को पार करने वाले आर्थिक मुद्दे उभरकर सामने आयेंगे... मैं इस साम्प्रदायिक मुद्दे को लेकर उत्तेजित नहीं हो सकता। भले ही यह अस्थायी तौर पर महत्त्वपूर्ण मालूम होता हो। आख़िरकार यह एक गौण मुद्दा है और बृहत्तर परिप्रेक्ष्य में इसका कोई वास्तविक महत्त्व नहीं है।''[8]

नेहरू का सेक्यूलरवाद, गाँधी के घोषित हिन्दू धर्म की तरह ही भारतीय समाज तथा इतिहास के बारे में हिन्दूवादी मान्यताओं पर ही आधारित था। हालाँकि उन्होंने अपने तमाम लेखन में भारत के बहुलता और विविधता सम्पन्न समाज का पूर्णतः समर्थन किया। वे बार-बार कहते हैं कि भारत की पहचान को हिन्दू धर्म से जोड़कर नहीं देखना चाहिए और यह कि बौद्ध धर्म एक अलग धर्म है, कि जातिवाद की निन्दा की जानी चाहिए। इन सबके बावजूद व्यापक फलक पर उनकी सोच ब्राह्मणवादी हिन्दू धर्म को ही राष्ट्रीय धर्म के रूप में देखती है, जो एक ऐसा ढाँचा तैयार करता है, जिसमें अन्य परम्पराएँ विलीन की जा सकें—

> ''पहले, उस काल में जब आर्य, आर्यावर्त या भारतवर्ष में आये, तभी से भारत की समस्या इस नयी नस्ल तथा सभ्यता तथा भारत में पहले से ही रह रही पुरानी नस्लों व जातियों तथा सभ्यता के बीच सम्बन्ध स्थापित करने की थी। इस उद्देश्य की प्राप्ति के लिए भारतीय सोच ने पूरी तरह स्वयं को लगा दिया और नतीजतन एक टिकाऊ समाधान सामने आया,

जो भारत-आर्य साझा संस्कृति की मज़बूत नींव पर टिका था। दूसरे विदेशी तत्त्व आये और उसमें समाहित हो गये...धर्म और दर्शन का, इतिहास तथा परम्परा का, परम्परा तथा सामाजिक संरचना का वह सम्मिश्रण निकलकर सामने आया, जिसके व्यापक फलक में भारत के सभी पहलू शामिल थे। इसे ही ब्राह्मणवाद या हिन्दू धर्म (बाद में प्रचलन में आया शब्द) नाम दिया गया जो राष्ट्रीयता का प्रतीक बन गया। यह सचमुच एक राष्ट्रीय धर्म था, जो जातीय तथा सांस्कृतिक अन्तर्मन को कहीं भीतर तक खींचता है और जो आज के राष्ट्रवाद का हर कहीं आधार बना है।''[9]

इस सोच में हिन्दुत्व की विचारधारा की तरह ही कुछ विघ्नकारी तत्त्व थे। साथ ही, जहाँ नेहरू ने 'जाति' की अन्तर्मन से निन्दा की, उन्हें यह बात भी नापसन्द थी कि इसका समावेश राजनीति में थोड़ा भी हो। उनकी सोच थी कि गैर-ब्राह्मणों तथा दलितों द्वारा उठाई जाने वाली माँगें (जैसे आरक्षण की माँग) पृथकतावादी हैं और उन्होंने इनकी उपेक्षा करने की कोशिश की। उन्होंने जाति से सम्बद्ध अपनी ऐतिहासिक चर्चा में इसे वृत्तिमूलक तथा एकीकरणात्मक बताया। यह स्पष्ट है कि उनके विचारों पर मार्क्सवाद के सतही प्रभाव हैं और भारतीय समाज की उनकी अवधारणा में इस समाज में मौजूद शोषण तथा अन्तर्विरोध की झलक नहीं मिलती—

''जाति एक पेशागत सामूहिक प्रणाली थी। यह एक सर्वग्राही रूढ़िहीन व्यवस्था थी तथा इसमें सभी जाति-समूहों को पूरी स्वतन्त्रता प्राप्त थी। सामान्य रूप से समाज का गठन प्रतिस्पर्द्धात्मक तथा आध्यात्मिक था। इस कारण जातियों में इसके बँटे होने का उतना दुष्प्रभाव नहीं पड़ा, जितना कि ऐसा न होने पर हो सकता था। ब्राह्मणवर्ग, जो सबसे ऊपर था, जिसे अपनी बुद्धि तथा ज्ञान पर गर्व था और जिसके कारण उसे दूसरों का सम्मान भी प्राप्त था, के पास सांसारिक सम्पत्ति के नाम पर कुछ भी नहीं था...''

उनके अनुसार व्यापारी वर्ग का कोई ऊँचा स्थान नहीं था। समाज में अधिकांश लोग खेतिहर थे, जिन्हें ज़मीन का मालिकाना अधिकार प्राप्त था और वे राज्य या राजा को उपज का छठा हिस्सा लगान के रूप में देते थे। इस प्रकार राज्य के उत्पादन में राजा से लेकर भंगी तक सभी शरीक थे।[10]

नेहरूवादी धर्मनिरपेक्षता से पता चलता है कि हिन्दू धर्म के निर्माण ने 19वीं शती के अन्त तथा 20वीं शती के आरम्भ में भारतीय समाज के इतिहास की ब्राह्मणवादी व्याख्या का वर्चस्व इस हद तक क़ायम कर दिया कि वह केवल उग्र हिन्दू के रूप में पहचाने जाने वालों को ही नहीं बल्कि उन्हें भी स्वीकार था, जो

ऐसी किसी पहचान को नकारने में गर्व करते थे। जाति-विरोधी क्रान्तिकारियों ने हिन्दू धर्म की इस संरचना को चुनौती दी पर भारत के वाममार्गी तथा प्रगतिशील अभिजात वर्ग ने इस चुनौती को मान्यता नहीं दी। इस तरह इस तथ्य को नज़रअन्दाज़ करके कि उक्त गढ़ी गयी व्याख्याएँ वस्तुतः 'हिन्दू संस्कृति' ही हैं—भारतीय वामपंथी और प्रगतिशील अभिजातों ने न केवल श्रेष्ठता और अधिकार की ब्राह्मणवादी मान्यताओं को क़ायम रहने दिया बल्कि उन्होंने अभिजातों के शासन के अधिकार तथा अभिभावक की भूमिका को भी मान्यता दी। नेहरूवादी मान्यताएँ, जो साम्प्रदायिक सद्भाव या 'धर्मनिरपेक्षता' को शक्तिशाली राज्य द्वारा ऊपर से स्थापित मानती हैं, सहज ही उस राज्य सिद्धान्त से मेल खाती हैं, जो आगे चलकर औद्योगिक विकास की भारतीय व्याख्या पर अपनी सुस्पष्ट छाप छोड़ने वाला था। पाण्डेय इसकी व्याख्या करते हुए कहते हैं—

> "1930 और 1940 के दशक तक 'पिछड़ों' की तरक़्क़ी की कोशिशों में निर्णयात्मक उपाय के रूप में 'प्रबुद्ध' नेतृत्व के महत्त्व पर सभी ओर से ज़ोर दिया जा रहा था...विगत में भारत की एकता के सपने को यथार्थ में बदलने के लिए चन्द्रगुप्त मौर्य, अशोक तथा अकबर जैसे महान नेताओं की ज़रूरत हुई थी। इन विभूतियों ने अपने राज्यों तथा साम्राज्यों में इसे सच कर दिखाया था। भारत की नवसृजित एकता को हासिल करने के लिए भी नेहरू तथा पटेल जैसे महान नेताओं की दरकार पड़ेगी और इसके लिए राज्य ही उसका मुख्य हथियार होगा। बीसवीं शताब्दी का उदारवादी नेता...राज्य-नियन्त्रणवाद का सहारा लेने से बेहतर क्या कर सकता था?"[11]

हिन्दू धर्म के निर्माण ने जो काम सफलतापूर्वक किया, वह थी अधिकांश जनता, जो औद्योगीकरण से पूर्व के समाज में पिछड़े खेतिहरों का वर्ग थी, को सर्वमान्य धर्म के रूप में स्थापित करना। गाँधी ने इसी सन्दर्भ में इससे तथा खेतिहर वर्ग से, जैसा कि वे समझते थे तादात्म्य स्थापित किया। नेहरू इन दोनों को पिछड़ा और घटिया मानते थे। गाँधी और नेहरू दोनों ही हिन्दू धर्म में ब्राह्मणों के वर्चस्व और पितृसत्तात्मक प्रबुद्ध नेतृत्व की आवश्यकता को स्वीकार करते थे। इन दोनों की ये व्याख्याएँ हिन्दू धर्म को अपने अनुरूप मोड़ने में नाकाम रहीं; वे इस पहचान में इतना सुधार नहीं ला सकीं, जिससे धार्मिक स्थलों में निम्न जातियों के लोगों की स्वतन्त्र शिरकत सुनिश्चित की जा सके। अन्ततः वे धर्म के उग्र एवं ज़हरीले रूप के उभार, जिसमें इसे भारत की राष्ट्रीय पहचान के रूप में स्थापित करने की कोशिश भी अन्तर्निहित थी, को रोकने में भी असफल हो गयीं।

1990 के दशक तक आम लोगों का गाँधीवाद तथा नेहरूवाद, दोनों से ही मोहभंग हो चुका था और हिन्दूवाद के सबसे विषाक्त रूप का उभार हो रहा था। हालाँकि आरम्भ से ही हिन्दू धर्म के समक्ष एक चुनौती आकार ले रही थी, जो पहले से अधिक मौलिक थी। इसके सबसे पहले नायक पश्चिमी भारत के शूद्र (खेतिहर) जाति के उग्र सामाजिक सुधारक जोतिबा फुले थे।

हिन्दू धर्म यानी ब्राह्मणों द्वारा शोषण : जोतिबा फुले

भारत की अति उर्वर मिट्टी, इसकी समृद्ध उपज, यहाँ के लोगों का लोकप्रसिद्ध धन और अन्य असंख्य प्रकृति की देन, जो इस भूमि की विशेषता रही है और जिसने हाल में पश्चिमी राष्ट्रों की लोलुपता को आकर्षित किया है, ने आर्य जाति को सम्मोहित किया था...यहाँ के मूल निवासी, जिनके साथ इस संसार में जन्मे भगवानों ने युद्ध किये, को 'राक्षस' का नाम दिया गया, जो देश के रक्षक के अर्थ में सही ही है। इन राक्षसों के रूप-रंग के बारे में, जो अविश्वसनीय और मूर्खतापूर्ण कहानियाँ प्रचलित हैं, वे महज़ कपोल कल्पनाएँ ही हैं। वस्तुस्थिति यह थी कि ये राक्षस अधिक बेहतर कद-काठी के थे!...यूरोपवासियों ने नये संसार की खोज के बाद अमेरिकी इण्डियन लोगों पर, जो क्रूरताएँ कीं, उसकी तुलना निश्चित रूप से आर्यों के भारत आगनन तथा उनके हाथों यहाँ के आदि निवासियों के दासकरण से की जा सकती है...संक्षेप में, यह भारत में ब्राह्मण प्रभुत्व का इतिहास है। वे शुरू-शुरू में गंगा तट पर बसे, जहाँ से वे पूरे भारत में फैल गये। पर यहाँ के लोगों पर अपनी पकड़ मज़बूत रखने के लिए उन्होंने अनोखे मिथकों की शृंखला गढ़ी। समाज को जाति में बाँटा, क्रूर तथा अमानवीय क़ानूनों की संहिता की रचना की, जिसकी मिसाल संसार में अन्य किसी देश में नहीं मिलती।[1]

फुले द्वारा मराठी भाषा में लिखित पुस्तक 'गुलामगीरी', जिसका प्राक्कथन अंग्रेज़ी में है, 1885 में प्रकाशित हुई, जिस वर्ष भारतीय कांग्रेस की स्थापना हुई थी। लेकिन यह हिन्दू राष्ट्रवाद के पूरे उभार के पहले और उग्र राष्ट्रवाद के प्रमुख सचेतक बालगंगाधर तिलक की पहचान एक सामाजिक रूढ़िवादी के तौर पर स्थापित होने से पहले का समय था। फुले ने उन ब्राह्मणों पर ज़ोरदार आक्रमण

किया, जो अधिकांशतः मध्यमार्गी, उदारवादी तथा समाज-सुधारक थे और प्रार्थना समाज, ब्रह्म-समाज, सार्वजनिक सभा और कांग्रेस जैसे संगठनों में शामिल थे। फुले की नज़र में ये सभी संगठन आम आदमी को धोखा देने तथा उच्च जातियों के वर्चस्व को स्थापित करने के उद्देश्य से प्रेरित, अभिजात कोशिशें थीं। जाति को वे दासता मानते थे। उनकी दृष्टि में जाति का अर्थ था गुलामी। और यह संयुक्त राज्य अमेरिका में अफ़्रीकियों के गुलाम बनाए जाने जैसी ही पाशविक तथा क्रूरतापूर्ण थी। उनके अनुसार भारत में जातिकरण पराधीनता तथा दमन पर आधारित तो था ही, छलकपट तथा धार्मिक विभ्रम भी इसके मूल में था। उच्च जातियों के लोगों ने, जिस अवधारणा को हिन्दू धर्म का नाम दिया था, दरअसल इस प्रकार का छलकपट उसका मूल स्वभाव था।

जोतिबा फुले (1826-1890) दलित नहीं थे। वे जाति से माली थे, जिसे आज के हिसाब से एक समृद्ध पिछड़ी जाति के बराबर माना जा सकता है और मध्य सामाजिक हैसियत की मराठा कुनबी के साथ रखा जा सकता है। हालाँकि उनके ढेर सारे दलित अनुयायी बने, उनका मुख्य सांगठनिक कार्य महाराष्ट्र के मध्य तथा निम्न ग़ैर-ब्राह्मण जातियों के साथ था। ये जातियाँ पारम्परिक रूप से शूद्र मानी जाती हैं तथा वर्तमान में भी बहुजन समाज के तौर पर पहचानी जाती हैं। उन्होंने अपने काम की शुरुआत समाज सुधारक के रूप में की और लड़कियों तथा अछूत बालकों के लिए स्कूल स्थापित किये। 1875 में उनके द्वारा स्थापित 'सत्यशोधक समाज' ने तार्किकता, धार्मिक अनुष्ठानों में ब्राह्मण पुरोहितों के बहिष्कार और लड़के-लड़कियों, दोनों की शिक्षा पर ज़ोर दिया। उनकी प्रमुख कृतियों में नाटक, कविताएँ तथा विवादप्रिय रचनाएँ हैं, जिनमें ब्राह्मणवाद पर चोट करती कविताएँ, शिवाजी पर एक गीत-गाथा और तीन पुस्तकें शामिल हैं। ये तीन पुस्तकें हैं—'गुलामगीरी', जो जाति प्रथा पर मुख्य रूप से केन्द्रित है, 'शेतकार्यका असूद', जो खेतिहरों पर जुल्म का बयान करती है तथा 'सार्वजनिक सत्य धर्म', जिसमें नये सिरे से ईश्वरवादी तथा समतावादी धर्म की रूपरेखा बताने की कोशिश की गयी है।

सैद्धान्तिक स्तर पर भी फुले ने शूद्रों (ग़ैर-ब्राह्मणों) तथा अतिशूद्रों (दलितों) को गोलबन्द करना चाहा। उनका तर्क था कि अतिशूद्र या दलित न केवल अपेक्षाकृत ज़्यादा उत्पीड़ित हैं बल्कि उन्हें निम्न स्थिति में इसलिए कर दिया गया, कि उन्होंने ब्राह्मण आधिपत्य के विरोध में वीरतापूर्ण संघर्ष किया था। महत्त्वपूर्ण बात जो उन्होंने बताई वह यह है कि शूद्र तथा अतिशूद्र दोनों एक ही उत्पीड़ित तथा शोषित वर्ग में हैं। उन्होंने इस वर्ग के लोगों की तुलना अमेरिकी देशों के

मूलवासी इण्डियन तथा काले लोगों से की। फुले के आक्षेप वास्तव में एक ऐसे सिद्धान्त की अभिव्यक्ति हैं, जो न केवल धार्मिक आधिपत्य तथा विजयों बल्कि शोषण की कहानी कहते हैं।

फुले के समय में जाति तथा भारतीय समाज के समर्थन में प्रबल तर्क के रूप में आर्य नस्ल का सिद्धान्त पेश किया जाता था। फुले ने इसी सिद्धान्त को अपना सिद्धान्त रचने के लिए आधार बनाया। आर्य नस्ल के सिद्धान्त को चर्चा के केन्द्र में लाने में वेदों को यूरोपीय तथा भारतीय लोगों के बीच एक कड़ी के रूप में देखने वाले पूर्वरागी, ब्रिटिश प्रशासक और जनगणना संग्रहकर्ताओं की अहम भूमिका थी। दरअसल इन्होंने खुद अपने द्वारा शासित समाज को वर्गों में बाँटा था। भारतीय अभिजात वर्ग और तिलक सरीखे लोगों ने इस सिद्धान्त को ब्राह्मणों की श्रेष्ठता सिद्ध करने के लिए इस्तेमाल किया था। फुले ने इस सिद्धान्त को बिल्कुल उलट दिया। लगभग उसी प्रकार जैसे मार्क्स ने अपना प्रतिवाद तथा शोषण का सिद्धान्त प्रतिपादित करने के लिए हेगेलियन द्वन्द्ववाद को उलट दिया था। फुले कहते हैं–

ब्राह्मण सचमुच भारतीय-यूरोपीय विजेताओं के वंशज थे, लेकिन श्रेष्ठ होने की बजाय वे क्रूर तथा हिंसक आक्रमणकारी थे, जिन्होंने मूल रूप से एक उन्नतिशील तथा समतावादी समाज को हर प्रकार के छल-कपट तथा हिंसा का सहारा लेकर उलट दिया था। इस प्रकार उन्होंने एक ऐसी मिथक शृंखला गढ़ी–जो दूसरे मिथकों की तुलना में कहीं अधिक बुरी थी क्योंकि सिद्धान्ततः यह असमानता पर आधारित थी। उन्होंने विजित जनों को अपने शास्त्र पढ़ने से भी रोका।

आर्य नस्ल के पारम्परिक सिद्धान्त को उलटकर फुले ब्राह्मणवाद तथा जाति-व्यवस्था की अपनी आलोचना को आमजनों के बीच ले गये। उन्होंने इसका इस्तेमाल मूल रूप से पौराणिक मिथकशास्त्रों की पुनर्व्याख्या के लिए किया। इसमें उन्होंने विष्णु के विभिन्न अवतारों को, भारत विजय के विभिन्न चरणों के रूप में देखा और राक्षसों को आम जनता के नायक के रूप में वर्णित किया। वीर नायक बाली राजा के चरित्र को उन्होंने इस पुनर्व्याख्या के केन्द्र में रखा। फुले द्वारा प्रस्तुत मिथकों के पुनर्चित्रण में बाली राजा को महाराष्ट्र का मूल राजा बताया गया, जिसने परोपकारी, जातिविहीन तथा उन्नतिशील आदर्श राज्य पर शासन किया। उन्होंने क्षेत्र के जनप्रिय देवता (जैसे खांडोबा, जोतिबा, नायकबा आदि) को बाली राजा के अधिकारियों के रूप में दिखाया। पुराण में वर्णित वह कथा, जिसमें बालक वामन को बाली से तीन वरदान माँगने के बाद, बाली की ही छाती पर चढ़कर उसे नरक भेज देने का वर्णन है, को फुले ने आक्रमणकारी आर्यों द्वारा कपटपूर्ण विजय की कहानी बताया है। इस पुनर्व्याख्या में क्षेत्रीय जनप्रिय संस्कृति की ज़बर्दस्त

छाप है क्योंकि महाराष्ट्र में (जैसा कि दक्षिण भारत के अन्य भागों, विशेषतया केरल में) बाली को सचमुच एक लोकप्रिय किसान राजा के रूप में देखा जाता है तथा उनका यह रूप मराठी कहावत, *'इडा, पीड़ा जावो, बाली का राज्य येवो'*, (अर्थात् दुख-तकलीफ जाये, बाली का राज आये), में जीवित है। उसी प्रकार ग्रामीण क्षेत्रों में जो लोकप्रिय धार्मिक त्यौहार हैं, वे अवैदिक देवताओं पर केन्द्रित मेले हैं, जिनमें से सभी (सर्वाधिक ख्यातिलब्ध विठोबा को छोड़कर) के ग़ैर-ब्राह्मण पुरोहित हैं। फुले ने बाली राजा को केन्द्र में रखकर अपना मिथकशास्त्र रचा। एक खेतिहर समाज की छवि प्रस्तुत करने वाला यह मिथकशास्त्र कविता, कथोपकथन तथा नाटकों की मदद से शिक्षित अभिजात वर्ग की सीमा लाँघते हुए ग़ैर-ब्राह्मण श्रोताओं के बड़े वर्ग तक पहुँच गया।

फुले ने न केवल विचारधारा और संस्कृति पर ही जोर दिया बल्कि हिंसा के कारकों तथा ऐतिहासिक विजय (जिन्हें मार्क्स ने पूँजी के 'आदिम संग्रह' का नाम दिया था) पर भी समान रूप से ज़ोर दिया तथा खेतिहर समाज को अपनी विचारधारा का केन्द्र बनाया। हिंसा तथा शक्ति सभी ऐतिहासिक प्रक्रियाओं में प्रबल वास्तविकताएँ रही हैं। आर्यों की विजय इस महाद्वीप पर किये गये आक्रमणों तथा विजयों की शृंखला में पहली है। मुस्लिम और ब्रिटिश अन्य प्रमुख आक्रमणकारी हैं पर आर्यों के आक्रमण अन्य सभी से बुरे थे। जातीय कारणों से नहीं, बल्कि इस तथ्य से कि ईरानी आर्यभट्टों ने समाज का वर्गीकरण कर के और विभेदकारी धार्मिक विचारधारा का प्रयोग कर के अपनी शक्ति को ठोस आधार दिया। ब्राह्मण शासन या भट्टशाही वह शासन व्यवस्था थी, जिसने राज-सत्ता और धार्मिक वर्चस्व का इस्तेमाल शोषण व्यवस्था को बनाए रखने के लिए किया। प्रमुख शोषित वर्ग/समूह में किसान था जबकि प्रमुख शोषक था अधिकारी वर्ग, जिसमें ब्राह्मणों का प्रभुत्व था। यह प्रभुत्व औपनिवेशिक दौर में भी क़ायम रहा। इस शोषण के मुख्य तरीक़ों में—कर तथा चुंगी लगाना और खेती की ज़मीनों के अधिग्रहण थे, जिनके द्वारा आमजनों की बचत को समाप्त किया जाता था। इसमें महाजन व्यवस्था और धार्मिक अनुष्ठान आयोजित करने के बहाने पैसों की वसूली की भी सहायता ली गयी। फुले द्वारा खेतिहरों की ग़रीबी का सजीव चित्रण सूखे तथा भूमि के स्वामित्व के विषयों तथा आज जिसे 'वाटरशेड विकास' कहा जा सकता है, के प्रति उनकी अतिसंवेदनशीलता तथा उनकी तत्कालीन वनीय अफ़सरशाही की भर्त्सना, उन्हें कई प्रकार से विशेष आधुनिक बनाती है।

फुले के सिद्धान्त को एक प्रकार के आरम्भिक ऐतिहासिक भौतिकवाद के रूप से देखा जा सकता है, जिसमें आर्थिक शोषण और सांस्कृतिक प्रभुत्ववाद अन्तर्विष्ट है। वर्ग-संघर्ष के सिद्धान्त के विपरीत, उनके यहाँ विभिन्न समुदाय

(शूद्र तथा अतिशूद्रों का खेतिहर समाज बनाम ब्राह्मणों का अधिकारी वर्ग तथा धार्मिक व्यवस्था) संघर्ष के कारक हैं। सम्पत्ति के बदलते हुए सम्बन्धों की जगह फुले विजय, शक्ति, राजसत्ता तथा विचारधारा को प्रेरक कारक मानते हैं।

आज फुले महाराष्ट्र में न केवल जाति-विरोधी शक्तियों के बल्कि किसानों, स्त्रियों तथा ग्रामीण आधार वाले पर्यावरण आन्दोलनकारियों के प्रवर्तक माने जाते हैं। औरतों के प्रति तो उनका व्यक्तिगत जीवन लगभग अन्य सभी समाज सुधारकों के समझौतावादी रवैयों से अलग तथा क्रान्तिकारी दीखता है। उन्होंने न केवल अपनी पत्नी सावित्री बाई को पढ़ाया-लिखाया, बल्कि उन्हें लड़कियों के एक स्कूल में पढ़ाने के लिए भी प्रेरित किया। इतना ही नहीं सन्तानविहीन होने के बावजूद समाज द्वारा दूसरी शादी के दबावों का उन्होंने दृढ़ता से मुक़ाबला किया। यह देखते हुए कि बल तथा हिंसा का प्रथम शिकार स्त्री ही होती है और खेतिहर स्त्रियों की दारुण दशा पर ज़ोर देते हुए उन्होंने आर्य-विजय तथा हिंसा के सामान्य सिद्धान्तों वाले अपने लेखन में, औरत को प्रमुंखता दी। जीवन के उत्तरकाल में तथा तत्कालीन महान नारीवादी क्रान्तिकारी यथा पंडिता रमाबाई और ताराबाई शिन्दे के प्रभाव में तो उनके रुख़ में और भी कठोरता आयी। उन्होंने पुरुषों द्वारा स्थापित पैतृक सत्ता को शोषण का एक विशेष रूप क़रार दिया। उनका तर्क था कि समाज के दोहरे चरित्र, जिससे औरतें त्रस्त थीं, का पता ब्राह्मण विधवाओं की दुर्दशा से ही नहीं लगता, बल्कि शूद्रों के यहाँ प्रचलित पितृसत्तात्मक व्यवस्था में भी इसे देखा जा सकता है। उनके यहाँ भी स्त्रियों से निष्ठावान पतिव्रता बने रहने की अपेक्षा की जाती थी, जबकि पुरुष अपनी इच्छानुसार कई पत्नियाँ रखने को आज़ाद था।

सभी बड़े दलित नेताओं तथा निम्न जातियों के प्रवक्ताओं की तरह फुले ने एक वैकल्पिक धर्म की स्थापना की आवश्यकता महसूस की और अपनी अन्तिम प्रमुख पुस्तक 'सार्वजनिक सत्यधर्म' में उदारवादी समतामूलक आस्तिकता की स्थापना की, जिसमें स्त्री-पुरुष समानता की ज़बर्दस्त अवधारणा प्रस्तुत की गयी है। धर्मनिरपेक्षता, जो कि हिन्दू को बहुसंख्यक मानकर चलती है और इसके साथ जुड़ी सभी समस्याओं की अनदेखी करती है, के विपरीत फुले ने हिन्दू धर्म के हर मुद्दे पर चोट की तथा इसकी वैधता को चुनौती दी। उन्होंने उसके अस्तित्व पर ही प्रश्नचिह्न खड़े किये। उनकी कृतियों में विशिष्ट बात यह है कि उन्होंने हिन्दू धर्म को एक धर्म के रूप में मान्यता देने से भी इनकार किया। उनके अनुसार हिन्दू धर्म तर्कसंगत धर्म है ही नहीं। यह एक अन्धविश्वास है, धूर्तता का पिटारा तथा प्रभुत्व कायम रखने के लिए निर्मित हथियार है। अपनी पुस्तक 'सार्वजनिक सत्य धर्म' में, वे एक आदर्श परिवार की कहानी कहते हैं, जिसमें पिता बौद्ध बन जाता है, माँ ईसाई और बेटी मुसलमान और बेटा एक सत्यधर्मवादी पर उसमें

हिन्दू के लिए कोई स्थान नहीं है।[2] वे ब्राह्मण को केवल जातिगत वर्ग नहीं मानते बल्कि कभी न बदलने वाले एक दुष्ट समूह के रूप में देखते हैं। उनका कहना था कि यदि ब्राह्मणों को समाज से कभी मान्यता प्राप्त करनी है, तो उन्हें हिन्दू धर्म के प्रति अपने दावे को त्यागना होगा क्योंकि वह उन्हें पृथ्वी के देवता का रूप प्रदान करता है—

> ''जब सभी आर्यभट्ट ब्राह्मण अपना सारा बोगस धर्म साहित्य कूड़ेदान में फेंक दें और सभी मुनष्य से सत्य के आधार पर व्यवहार करना शुरू कर दें, तब निस्सन्देह सभी स्त्री तथा पुरुष इस संसार के सृष्टा के सम्मुख नतमस्तक होंगे तथा आर्यों के कल्याण के लिए प्रार्थना करेंगे।''[3]

फुले के विचारों का विश्लेषण सिर्फ एक शुरुआत है। उन्होंने लगभग सारा लेखन मराठी में किया। अपने जीवन काल में महाराष्ट्र के बाहर उन्हें लोग नहीं जानते थे। लम्बे समय तक निम्न जाति के लोगों के मध्य सम्पर्क सुविधा के अभाव तथा अधिकांश ब्राह्मण अभिजातों द्वारा उनके लेखन के प्रति घृणा-भाव के कारण, उनकी रचनाएँ आम जनों तक नहीं पहुँच सकीं। दलितों ने भी उनकी उपेक्षा की (एक ग़ैर-ब्राह्मण क्रान्तिकारी एक्टिविस्ट का कहना है कि उनके साथ समस्या यह थी कि उनके पीछे कोई जाति नहीं थी)। हालाँकि आम्बेडकर ने उन्हें अपने गुरुओं में से एक माना पर उनकी रचनाओं में फुले के विचारों का प्रभाव नगण्य है। फुले आम्बेडकर शताब्दी वर्ष (नवम्बर 1990 फुले की पुण्यतिथि शती तथा अप्रैल 1991 आम्बेडकर के जन्मशती समारोह के रूप में मनाए गये) में पूरे भारत में इन दोनों में पुनः गहरी दिलचस्पी लोगों में देखी गयी। हाल में नारीवादी विदुषी उमा चक्रवर्ती ने फुले को 'ब्राह्मणवादी पितृसत्ता'[4] के सिद्धान्त की सबसे पहले व्याख्या करने वाला माना, जबकि शताब्दी वर्ष में सूरत में सामाजिक अध्ययन केन्द्र द्वारा आयोजित एक सेमिनार में जी.पी. देशपांडे ने कहा कि 'फुले पहले भारतीय प्रणाली निर्माता हैं' क्योंकि यूरोप में हेगेल की तरह उन्होंने इतिहास को तार्किक आधार दिया है—

> ''फुले के विचारों ने सिद्ध कर दिया कि भारतीय जनों के राजनीतिक-सामाजिक संघर्ष के आधार पर एक सर्वव्यापी सिद्धान्त बनाया जा सकता है। फुले ने फोकॉल्ट से भी पहले ज्ञान तथा शक्ति की बातें उठाईं। वस्तुतः फोकॉल्ट की उत्तर-आधुनिक कालीन व्याख्या तब प्रस्तुत की गयी, जब यूरोप ने 'इतिहास के अन्त' को वास्तविक रूप में देख लिया था। जबकि फुले की कोशिश संसार/समाज को ज्ञान रूपी अस्त्र से बदल देने की थी।''[5]

फुले का यह तर्क कि ज्ञान, शिक्षा तथा विज्ञान ही शोषित जनों के विकास के

अस्त्र हैं, उन सभी अभिजात वर्गीय सिद्धान्त के विपरीत था, जो पश्चिमी विज्ञान को पूर्वी नैतिकता से जोड़ना चाहते थे। फुले का तर्क था भारतीय अपनी (ब्राह्मणवादी) परम्पराएँ भौतिक विकास के लिए पश्चिमी विज्ञान तथा टेक्नोलॉजी को अपनाकर भी बनाए रख सकते हैं। फुले के लिए विद्या या ज्ञान ब्राह्मणवादी अनुष्ठानवादी शास्त्र से बिल्कुल भिन्न था। ज्ञान उनके अनुसार समानता, मानव स्वतन्त्रता तथा आर्थिक विकास प्राप्त करने का एक अस्त्र है। उन्होंने शूद्र तथा अतिशूद्रों के जागने तथा स्वतन्त्र रूप से सोचने की आवश्यकता पर लगातार ज़ोर दिया। उनके समय में प्रच्छन्न वैचारिक भ्रम पर उनकी प्रतिक्रिया उन्हें आश्चर्यजनक रूप से उत्तर-आधुनिक सिद्ध करती है–

सभी विचारधाराएँ सड़ गई हैं,
कोई भी नहीं करता समग्र रूप से विचार
क्या तुच्छ, क्या महान–
नहीं समझा जा सकता
बाज़ार में दर्शनों का अंबार
कानों में देवताओं के नाम खटकते हैं;
लोग इच्छा के माया-जाल के
होते हैं शिकार
हर जगह सड़न है व्याप्त
सत्य और असत्य में नहीं रहा भेद
इसी तरह एक जैसे बन गए हैं लोग
विचारों में व्याप्त कलह
किसी की नहीं सुनता कोई
हर कोई सोचता
उसी के विचार महान
असत्य में गौरव का अहसास
ले जाता उन्हें विनाश की ओर
इसीलिए तो बुद्धिमान कहते हैं
करो सत्य की खोज!

पितृसत्ता से विद्रोह : रमाबाई, ताराबाई एवं अन्य

"पंडिता रमाबाई के प्रयत्नों के फलस्वरूप लड़कियों की शिक्षा की शुरुआत हुई और कई बड़े आर्यसमाजी विद्वान ब्राह्मण अपने ऋषि पूर्वजों की भूलों के सुधार हेतु अपनी असहाय तथा अनपढ़ स्त्रियों को पढ़ाने लगे। स्त्रियों पर की गयीं क्रूर आर्य लेखकों की अत्याचारपूर्ण टिप्पणियों के विषय में हमारे आलोचनात्मक लेखन के कई प्रकार के नकारात्मक प्रभाव हो सकते हैं। मुख्य आशंका यह है कि जब आर्य ग्रन्थों की क्रूर दुष्टता का उनकी बेटियों तथा भट्ट ब्राह्मणों को पता चल जायेगा, तो वे मन्दिरों और देवताओं से सम्बद्ध अनुश्रुतियों की धज्जियाँ उड़ा देंगी और उनका उपहास उड़ाते हुए उन्हें तिरस्कृत कर देंगी। इसके अतिरिक्त अधिकांश ब्राह्मण परिवारों में बहुओं और सासों में झगड़े का अन्तहीन सिलसिला चल निकलेगा, जिससे कई प्रकार के तनावों में वृद्धि होगी। इन तमाम आशंकाओं के कारण बहुतेरे भट्ट भिक्षुक अपनी बेटी-बहुओं को स्कूल भेजना बन्द कर देंगे और ज़ाहिर है हमारी सतसार पुस्तक की झलक भी उन्हें देखने नहीं देंगे।"[1]

उपरोक्त पंक्तियाँ फुले ने 1885 में दो स्त्रियों ताराबाई शिन्दे तथा पंडिता रमाबाई पर हुए हमले के जवाब में, एक पैम्फ़लेट में लिखी थीं। सन् 1882 में रमाबाई पुणे आयीं। उन्होंने वहाँ 'आर्य महिला समाज' की स्थापना की और कुछ समय के बाद इंग्लैण्ड चली गयीं, जहाँ वे धर्मान्तरण कर ईसाई बन गयीं। इस कारण उदारमना ब्राह्मणों ने भी उनकी निन्दा की। हालाँकि उन्होंने शुरू में उनके प्रयत्नों का समर्थन किया था। सत्यशोधक समाज में फुले के एक मराठा दोस्त की बेटी थीं—ताराबाई। उन्होंने हिन्दू धर्म में पितृसत्तात्मक व्यवस्था पर 'स्त्री-पुरुष तुलना' शीर्षक से एक लेख लिखकर एक तीखा एवं कठोर प्रहार किया। दोनों स्त्रियों को लेकर—रमाबाई का अंग्रेज़ी शिक्षित ब्राह्मण बुद्धिजीवियों के व्यापक संसार में और ताराबाई को लेकर फुले के 'सत्यशोधक समाज' से सम्बद्ध हलकों

में ज़ोरदार प्रतिक्रिया हुई। फुले ने दोनों का ही बचाव किया।[2]

पंडिता रमाबाई, जो निश्चित रूप से ताराबाई शिन्दे से अधिक मशहूर हुईं, द्वारा ईसाई धर्म स्वीकार कर लेने के बावजूद भी तत्कालीन ब्राह्मण बुद्धिजीवियों के बनाए रास्ते पर ही चलती रहीं। उन्होंने अपने संगठन को (जो कि निस्सन्देह भारत में नारियों का पहला स्वायत्त संगठन था) आर्य-महिला समाज का नाम दिया और अपनी प्रमुख पुस्तक, जो अंग्रेज़ी में थी, को उच्च जाति की हिन्दू स्त्रियों पर केन्द्रित किया। ब्राह्मणों की कई आदतें उन्होंने छोड़ी भी नहीं थीं—विशेष रूप से निरामिषता—जो उनके लिए भारतीयता का प्रतीक थी और शायद नस्लवादी चर्च के अक्सर पड़ने वाले दबाव के प्रतिरोध के लिए ज़रूरी भी थी। उन्होंने भारत की पहचान को 'हिन्दू पहचान' से जोड़ने का समर्थन किया और जाति वर्गीकरण की आदर्श आर्य व्याख्या को भी यह तर्क देते हुए स्वीकार किया कि भारत राष्ट्र की वर्तमान अवनति का मुख्य कारण भारतीय नारियों का पूर्ण परावलम्बन और अज्ञानता है।[3]

> "इसमें शक नहीं कि जाति, आर्थिक आधार पर अपनाए गये श्रम-विभाजन के कारण ही अस्तित्व में आयी। प्रतिभा सम्पन्न तथा कुशाग्रतम बुद्धि वाले आर्यों का वर्ग स्वाभाविक रूप से पूरे हिन्दू समुदाय का शासक बन गया।"[4]

इस बात के बावजूद और अपनी भाषा में आम तौर पर मौजूद विनम्रता के रहते हुए भी पंडिता रमाबाई ही पहली व्यक्ति थीं जिन्होंने बड़े स्पष्ट रूप से कहा कि हिन्दू धर्म का मूल अकाट्य रूप से और अनिवार्यतः नारी विरोधी है—

> "जो लोग मेहनत से तथा खुले दिमाग के साथ संस्कृत साहित्य का मूल रूप में अध्ययन करते हैं, वे विधि-सृष्टा मनु को उन सैकड़ों व्यक्तियों में से एक रूप में आसानी से पहचान सकते हैं, जिन्होंने नारी को दुनिया की घृणित जीव बनाने में सर्वाधिक योगदान दिया है... मैं ईमानदारी से और सच-सच कहती हूँ कि संस्कृत साहित्य की ऐसी कोई पवित्र पुस्तक मैंने नहीं पढ़ी, जिसमें औरतों के विषय में ऐसे घृणास्पद भाव न हों।"[5]

इसी प्रकार अपने धर्मान्तरण के समय के उनके कथन भी जोर देकर कहते हैं कि—

> "दो बातों पर सभी धर्मशास्त्र, पवित्र धार्मिक ग्रन्थ, पुराण और आधुनिक कवि और आज के लोकप्रिय उपदेशक और उच्च जाति के रूढ़िवादी लोग एकमत हैं कि उच्च जाति तथा निम्नजाति की औरतें एक वर्ग के रूप में बुरी ही नहीं, बहुत बुरी हैं और राक्षसों से भी गयी-गुजरी हैं और

झूठ की तरह अपवित्र हैं और पुरुषों को जो मोक्ष प्राप्ति की सुविधा प्राप्त है, उसे पाने के योग्य भी नहीं हैं।''[6]

दूसरे शब्दों में हिन्दू राष्ट्रवाद की मान्यताओं को शुरू-शुरू में मान लेने के बावजूद, जब उनके निजी अनुभव की बारी आयी, तो एक यायावर सुधारवादी ब्राह्मण की इस बेटी ने, जो देव भाषा में शिक्षित अपने समय की अकेली स्त्री थी, जिसने अपनी पहचान तत्कालीन बुद्धिजीवियों के बीच बड़े संघर्ष से बनाई थी, हिन्दू धर्म के मूल को विशुद्ध रूप से पुरुषवादी कहकर निन्दा की।

ताराबाई शिन्दे का लेखन रमाबाई के लेखन की तुलना में अधिक कटु था। हम उनके जीवन के विषय में बहुत कम जानते हैं और अपनी पुस्तक के लिखने के बाद उनके साथ क्या गुज़री इसके बारे में तो हमें कुछ भी नहीं मालूम। यह तो स्पष्ट ही है कि जिस स्वतन्त्रता को हासिल करने के लिए उन्होंने इतने स्पष्ट रूप से संघर्ष किया वह उन्हें नहीं मिली और 19वीं शताब्दी के मराठा भूस्वामियों के सीमित समाज में वे अपना छोटा-सा स्थान भी बना पायीं या नहीं, यह हम शायद कभी न जान पायें (ऐसा सम्मानपूर्ण स्थान उस समाज में कुछ ही लोगों को प्राप्त था)। 'स्त्री-पुरुष तुलना' उनकी इकलौती ज्ञात कृति है। इस पुस्तक के आरम्भ से ही यह पता चल जाता है कि तब तक सुनी गयी अन्य आवाज़ों से उनकी आवाज़ कितनी भिन्न है–

''अपनी बात कहने का यह पहला प्रयास होने के कारण तथा अन्तहीन मराठा रीति-रिवाजों के कारागृह में अभिव्यक्ति के अधिकार से वंचित, लाचार तथा बँधुआ होने के कारण, मेरे इस निबन्ध की भाषा अत्यन्त कटु हो गयी है। लेकिन यह देखते हुए कि पुरुषों के अहंकार तथा एकपक्षीय नैतिकता के हर दिन सामने आने वाले भयानक उदाहरणों को नज़रअन्दाज़ कर के सारा दोष औरतों के मत्थे मढ़ दिया जाता है, मेरे मन में औरतों की महत्ता का अहसास जाग गया है तथा बहुत खलबली मच गयी है।''

उपरोक्त पंक्तियों में ताराबाई का संकेत उन विधवाओं पर चली चर्चा की ओर था–जिन पर अपने शिशुओं को बेचने की कोशिश करने का आरोप था–जिसमें उन विधवाओं पर किये गये यौन अत्याचारों के प्रभावों को अनदेखा कर दिया गया था। पर ताराबाई को उन अत्याचारों से ही विरोध नहीं था। उन्होंने तो स्त्रियों के लिए प्रस्तुत समूची जीवन-पद्धति पर ही चोट की–

''स्त्री धर्म क्या है? एक पति के प्रति असीम निष्ठा रखते हुए उसकी सनक के अनुरूप जीना। पति चाहे उसे पीटे, गालियाँ दे, वेश्यागमन

> करे, शराब पिए, खजाना लूटे या रिश्वत ले, उसके घर लौटने पर उसकी भगवान की तरह पूजा-अर्चना करना—मानो श्रीकृष्ण महाराज ही साक्षात् गोपियों का दूध चुराकर घर आये हों... पतिव्रत धर्म को भंग करने के लिए तो लाखों कारण मौजूद हैं।''

इसके आगे वे पुराणों के ऋषि तथा देवताओं पर भी तिरस्कारपूर्ण व्यंग्य प्रहार करते हुए कहती हैं—

> ''तो क्या पाँच पतियों के होने के बावजूद द्रौपदी को कर्ण महाराज के इरादों के प्रति चिन्तित नहीं होना चाहिए था... (और सत्यवती तथा कुंती के बारे में क्या ख़्याल है?) एक को तो अपने शरीर से दुर्गन्ध को हटाने की ऋषि की सनक के सामने झुकना पड़ा और दूसरी ने मन्त्र का पालन किया। वाह, क्या देवता थे वे और कैसे थे वे ऋषि!''[8]

'स्त्री पुरुष तुलना' एक असंगठित कटु आलोचनात्मक कृति है। यह वैचारिक आधार पर हिन्दू धर्म शास्त्रों की तर्कपूर्ण तथा सीधी आलोचना नहीं है बल्कि बोलचाल की भाषा में उन पर व्यंग्यपूर्ण चोट है। दरअसल सुपरिचित कथाओं के विषय में मज़दूर तथा खेतिहर औरतें इसी ढंग से बातें किया करती थीं। रामायण और महाभारत अधिकांश लोगों के जीवन का हिस्सा तो थे पर ज़रूरी नहीं कि इससे वे धर्म के अंग का रूप भी धार लेते, जैसा कि धार्मिक प्रवक्ताओं ने घोषणा की थी। जब हिन्दू आचार्यों ने इस प्रकार उद्धरणों को धार्मिक साहित्य का रूप देना शुरू किया, तो ताराबाई तथा रमाबाई को उन पर हमला कर उन्हें नकारना पड़ा। रमाबाई ने एक अलग संस्थात्मक संरचना की अलग मानवीय सम्बन्धों के साथ बुनियाद डालने की कोशिश की और उच्च (तथा निम्न) जाति की विधवाओं, जिनकी ज़िन्दगी उस समय की दारुणतम स्थिति का नमूना थी, की सेवा में जीवन समर्पित कर दिया। ताराबाई, जो इस स्थिति में नहीं थीं, ने अपना विद्रोह पुरुषसत्तावाद के ढाँचे के विरुद्ध लिखे अपने एक कटु लेख में व्यक्त किया—

> "यमराज के दरबार में अपने पति की जीवन रक्षा के लिए जाने वाली सावित्री औरत ही थी। पर यमराज के दरबार तक जाने की बात तो छोड़ दें, कभी आपने किसी पुरुष को इस राह पर एक क़दम भी चलते सुना है? जिस प्रकार एक औरत विधवा हो जाने पर अशुभ हो जाती है तथा उसे अपराधी की तरह अपना चेहरा छुपाए अपना जीवन अन्धकार में गुजारना पड़ता है, क्या किसी विधुर को अपनी दाढ़ी मुंडवा कर शेष जीवन एक साधु के रूप में बिताना पड़ता है? अगर किसी चतुर देवता ने पत्नी के मरने के दसवें दिन आपको दूसरी शादी रचा लेने का

प्रमाण-पत्र दिया हो, तो मुझे दिखाएँ।''[9]

अपने-अपने तरीक़े से ताराबाई तथा रमाबाई सरीखी स्त्रियाँ 19वीं शताब्दी में उस प्रयास के विरोध में स्वर उठा रही थीं, जिसे पार्थ चटर्जी ने 'स्त्रियों के प्रश्न का राष्ट्रीय प्रस्ताव' का नाम दिया था और जिसकी बुनियाद ही भौतिक और सांस्कृतिक क्षेत्रों को अलग करने के लिए रखी गयी थी, जिसमें स्त्रियों को गृहस्वामिनी तथा घर की नैतिक तथा आध्यात्मिक जरूरत बताया गया था—

> ''जो बात ज़रूरी थी, वह थी राष्ट्रीय संस्कृति के आध्यात्मिक तत्त्व को कायम रखते हुए तथा उसे और भी अधिक सशक्त बनाते हुए आधुनिक पश्चिमी सभ्यता की आवश्यक तकनीक का निर्माण करना।''[10]

'पूर्वी नैतिकता और पश्चिमी विज्ञान' के इस समाधान को देखने में सुधारवादी हिन्दू तथा राष्ट्रवादी हिन्दू में कोई गुणात्मक अन्तर मालूम नहीं होता। यह उन स्त्रियों के लिए, जो मनुष्य के रूप में बराबरी का पूरा हक़ चाहती थीं, पर्याप्त नहीं था। दरअसल पूर्वी नैतिकता के इन्हीं नियमों से वे त्रस्त थीं। (पश्चिमी नैतिकशास्त्र ने ऐसा ही किया या नहीं, यह एक अलग विषय है; उदारहण के लिए रमाबाई का ही मामला देखें—उन्होंने धर्मान्तरण के पश्चात् स्त्रियों के प्रति दृष्टिकोण के सम्बन्ध में अपने ईसाई धर्मगुरुओं के साथ कई भिड़ंतें मोल लीं।)

उदाहरण के लिए आर्य समाजियों की सोच के विपरीत रमाबाई औरतों की तत्कालीन दुःस्थिति को सिर्फ अधोगति का नाम देकर ही सन्तोष नहीं कर सकीं। ब्रह्म समाजियों तथा गाँधी सरीखे व्यक्तियों के विपरीत वे वेद तथा उपनिषदों के आदर्शवादी रूप की ओर एकदम आकर्षित नहीं हो पायीं। ऐसा शायद इसलिए था कि वे स्वयं को आश्वस्त करना चाहती थीं कि हिन्दू आध्यात्मिकता के सारतत्व को उसके जातिवादी तथा पुरुषवादी अपवृद्धि से बचाया जा सकता है। रमाबाई को फुले तथा बाद के अन्य उग्रपंथी दलितों की तरह हिन्दू धर्म को ठुकरा देना पड़ा। उसी प्रकार ताराबाई ऋषियों तथा देवताओं को दैवी प्रतीकों के रूप में नहीं स्वीकार कर पायीं क्योंकि इसका अर्थ होता स्त्रियों की उनकी तुलना में हीन स्थिति को स्वीकार लेना। **फिर भी बाद की और अपेक्षाकृत अधिक सामाजिक हैसियत वाली नारी कार्यकर्ताओं ने इन मुद्दों से न मालूम क्यों समझौता कर लिया?** इस प्रश्न का आंशिक उत्तर यह है कि थोड़ा कुछ हासिल करने के लिए ही वे समझौता करने को बाध्य हुईं।

19वीं सदी के अन्त में हिन्दू राष्ट्रवाद में आये उभार के बाद हालाँकि उच्च जाति के मध्यमार्गी सामाजिक सुधारवादी को भी पीछे हटना पड़ा किन्तु औरतों के आन्दोलन ने संगठित रूप ले लिया। 1920 के दशक में ऑल इण्डिया विमेंस

कांग्रेस तथा ऐसे ही अन्य संगठन की स्थापना के साथ, इस आन्दोलन ने स्वतन्त्र रूप ले लिया। उच्च जातीय और अभिजात स्त्रियों के ये संगठन हिन्दू ढाँचे के अन्दर ही काम करते थे और सीता तथा सावित्री को आदर्श नारियों के रूप में प्रस्तुत करते थे, न कि पुरुष अत्याचार के प्रतीक रूप में। वे वैदिक काल में स्त्रियों को सुलभ स्वतन्त्रता की प्रशंसा करते थे और पर्दा तथा अन्य बुरी प्रथाओं को मुसलमानों के आक्रमण के कारण उत्पन्न सामाजिक परिस्थितियों के परिणाम के रूप में देखते थे, चाहे वे मुसलमानों को सीधे-सीधे इसके लिए उत्तरदायी न भी मानते हों। ये स्त्रियाँ नये हिन्दू कोड के लिए लड़ीं (और अन्ततः किसी रूप में उसे लागू भी करवा लिया)। वे इस संहिता से सम्पत्ति या तलाक आदि के संवेदनशील मामलों में औरतों के लिए काफ़ी कुछ अधिकार प्राप्त करने में सफल रहीं पर समान अधिकार तो प्राप्त करने में असफल ही रहीं। यह देखकर वे हतप्रभ रहीं कि इस संहिता के प्रारूप समिति के अध्यक्ष एक दलित भीमराव आम्बेडकर हैं और उनके पास कट्टरपंथियों द्वारा आयोजित सड़क प्रदर्शनों से निबटने के लिए कोई संगठन भी नहीं था। महत्त्वपूर्ण बात यह थी कि इस संहिता से मुसलमान औरतों को बाहर रखकर बाद के वर्षों में साम्प्रदायिक भावना के पनपने के लिए एक ख़तरनाक परम्परा की बुनियाद डाल दी गयी।[11]

ऐसा प्रतीत होता है कि इस पर किसान स्त्रियों की प्रतिक्रिया भिन्न रही होगी। इस प्रतिक्रिया ने परम्पराओं की अधिक सक्रियता से पुनर्व्याख्या तो की पर औरतों के लिए संगठनों में जगह बनाने के मामले में हिन्दू धर्म के बुनियादी ढाँचे के भीतर ही रही। कपिल कुमार इस सम्बन्ध में स्त्रियों द्वारा 'अवध किसान सभा' में निभाई गयी भूमिका की चर्चा करते हुए कहते हैं—"इस संगठन का नेतृत्व कुर्मी जाति की जग्गी नामक एक स्त्री ने किया था। इसे महाराष्ट्र के एक ब्राह्मण बाबा रामचन्द्र का समर्थन भी प्राप्त था। इसके परिणामस्वरूप 'किसानिन सभा' में स्त्रियों के एक मोर्चे की स्थापना हुई, जिसका ज़ोर औरतों को जमीन का अधिकार देने तथा पुरुष बहुविवाह प्रथा पर चोट करने और पारिवारिक सम्बन्धों के सुधार पर था। फुले की तरह ही किसानिन सभा 'एक पत्नी प्रथा' की समर्थक थी। इसका नियम था कि सभी रिश्तों को वैध माना जाना चाहिए और औरतें यदि सन्तानोत्पत्ति न भी कर पायें, तो भी उनका सम्मान किया जाना चाहिए।"[12] इसके अलावा, स्थानीय धार्मिक रिवाजों का इस्तेमाल करते हुए (जैसे सफलता पाने पर एक ग्रामीण देवी के लिए यज्ञ की प्रथा) परम्पराओं की नये सिरे से व्याख्या की गयी। इस तरह राम को जंगल में भेजने के लिए कैकेयी की प्रशंसा की गयी और सीता को ऐसी स्त्री के रूप में देखा गया, जो स्वतन्त्र स्वभाव की स्वामिनी हो—

"क्या राम ने सीता को अपने साथ वनवास पर जाने से मना नहीं किया था पर सीता अपनी मर्जी से साथ गयीं।"[13]

उस पूरे काल में जब अभिजात वर्गीय स्त्रियाँ हिन्दू राष्ट्रवादी मुद्‌दों, चाहे वह हिन्दू राज का मुद्‌दा हो या रामराज का—के पुरुषवादी प्रतिपादन के समक्ष झुक चुकी थीं, मज़दूर तथा खेतिहर औरतों की वास्तविक सोच और क्रियाकलाप का संकेत देने वाले ऐतिहासिक प्रमाण नगण्य ही हैं और उस पर शोध करने के प्रयास तो और भी कम हुए हैं। इस सम्बन्ध में क्या किया जाना चाहिए, इसका सुमंत बनर्जी 19वीं सदी के कलकत्ता की निम्न वर्ग की स्त्रियों की संस्कृति का वर्णन करते हुए एक संकेत देते हैं। राधाकृष्ण प्रसंग पर 'खिउर' नामक एक लोकगीत की चर्चा करते हुए वे एक प्रसंग का जिक्र करते हैं। इसमें अंबालिका अपनी माँ सत्यवती के इस आग्रह पर प्रतिवाद करती है कि वह सन्तानोत्पत्ति के लिए व्यास मुनि से नियोग कर ले—

लोग कहते हैं कि
जब तुम किशोर थीं
तुम नदी में किश्ती चलाती थीं
तुम्हारी सुन्दरता देख
रीझकर तुम्हारी कमल-कलिका पर
डस लिया था तुम्हें पराशर महान ने
मचा था बहुत बवाल
कर ही लिया है ऐसा जब एक बार तुमने
फिर डरने की क्या ज़रूरत?
जितना चाहो कर सकती हो तुम यह सब
नहीं कहेगा कोई कुछ भी
अगर करना ही है यह
तो तुम स्वयं ही ऐसा क्यों नहीं करतीं, माँ?

इस प्रकार की बातें कई निम्नवर्गीय स्त्रियों द्वारा की जाती थीं। ऐसी ही चुभने वाले संवादों का प्रयोग 1920 के दशक में महाराष्ट्र में सत्यशोधक तमाशों में भी खुले आम किया जाता था। भारत के अधिकांश भागों में तमाशा संस्कृति में ऐसे संवाद आम मालूम होते थे। अंबालिका सम्बन्धी गीत की तर्कपूर्ण शैली (जिसमें अंबालिका अपनी माँ से कहती है कि अगर यह इतना ही महान कार्य है, तो इसे स्वयं करो) ने एक सदी बाद बम्बई के बुद्धिजीवी समाज में बड़ा तहलका मचाया। यह 1972 में दलित पैंथर की स्थापना के समय की बात है। एक प्रमुख मराठी लेखिका ने कहा कि वेश्याएँ समाज के लिए ज़रूरी काम करती हैं, इसलिए

उनका सम्मान किया जाना चाहिए। राजा ढाले ने यह टिप्पणी करके अस्थायी रूप से नाम कमाया कि "यदि दुर्गाबाई इस कार्य को इतना ही सम्मानजनक समझती हैं, तो वे इसे स्वयं क्यों नहीं करतीं!"

आधुनिक नारीवादियों, जिनमें ताराबाई और रमाबाई तथा उनके पुरुष समर्थक शामिल हैं, जैसे शक्तिशाली आलोचकों ने पितृसत्ता और यौनिकता पर चर्चा चलाई। उन्होंने 'पतिव्रता धर्म' के सिद्धान्त के दोहरे चरित्र पर हमला किया। बहुत सी स्त्रियों ने एकल-विवाह का समर्थन किया। अन्य ने मिथकों तथा पौराणिक कथाओं का सहारा लेकर सभी तरह के दोहरे यौनिक व लैंगिक मानदंडों के लादे जाने की कोशिशों की हँसी उड़ाई। हालाँकि इन सुधारवादियों तथा क्रान्तिकारी विचारधारा वालों ने लिंग-स्वतन्त्रता के लिए कोई स्पष्ट दावा नहीं किया। बाद में औपनिवेशिक सरकार के काल में स्त्री आन्दोलन के नेतृत्व ने कांग्रेस संगठनों की प्रभावी हिन्दू सुधारवादी सांस्कृतिक प्रवृत्ति के साथ स्वयं को जोड़ लिया। ऐसा करके उन्होंने ब्राह्मणवादी पितृसत्तावाद के मूल ढाँचे को स्वीकार कर लिया। रमाबाई और ताराबाई सरीखी आरम्भिक नारीवादी ही थीं, जो निम्नवर्गीय तथा खेतिहर स्त्रियों के आम दृष्टिकोण के काफ़ी नज़दीक थीं। क्योंकि उनकी तरह वे भी पुराणों को मात्र कहानियाँ ही मानती थीं—धर्म-ग्रन्थ नहीं। वे उन्हें मानवीय सम्बन्धों के ईश्वर द्वारा निश्चित आदर्शों के रूप में देखने की बजाय, पुरुषों द्वारा किये गये स्त्री-दमन के विभिन्न रूपों का प्रतिनिधित्व करने वाला एक ग्रन्थ मानती थीं।

हिन्दू धर्म यानी आर्य-विजय : 1920 के दशक के दलित क्रान्तिकारी*

समाज के दलित-शोषित समुदाय—किसान, दलित, स्त्रियाँ और निम्न जाति के लोगों—जिन्हें फुले ने शूद्र तथा अतिशूद्र कहा था—को 1920 तथा 1930 के दशकों में विभिन्न विचारधाराओं वाले विभिन्न नेताओं द्वारा लामबन्द किया गया। उन्होंने राष्ट्रीय अभियानों में हिस्सा लिया। उनमें से कुछ गाँधी को मसीहा के रूप में देखते थे। उन्होंने यूनियनें और किसान सभाएँ गठित कीं। हड़तालें, लगान-विरोधी अभियान और राजस्व-कर का बहिष्कार किया। उन्होंने जंगल और गाँव के आम आदमियों के लिए लड़ाइयाँ लड़ीं। यह पहले विश्वयुद्ध और रूसी क्रान्ति के बाद का समय था, जब सर्वसाधारण इतिहास के मंच पर अपनी भूमिका निभाने के लिए आगे बढ़ रहा था।

जाति आधारित शोषण की लाक्षणिकता को किसी भी सूरत में भारत में नजरअन्दाज़ नहीं किया जा सकता था। निम्न जाति के बहुतेरे लोग 1920 के दशक के आन्दोलनकारी ग़ैर-ब्राह्मण और दलितों के रूप में संगठित हुए और जाति विरोधी, ब्राह्मण विरोधी और यहाँ तक कि हिन्दुत्व-विरोधी वह विचारधारा, जिसका प्रतिपादन फुले ने किया था, की ओर आकर्षित हुए। चूँकि महाराष्ट्र के बाहर फुले के बारे में कम ही लोगों ने सुना था, इसीलिए बहुत अधिक सम्भावना इस बात की है कि तमिल ग़ैर-ब्राह्मण आन्दोलन ने अनार्यवादी मुद्दों के सूत्रधार के रूप में प्रबलतम प्रभाव छोड़ा। यह इतना व्यापक था कि आम लोगों में इसकी सुस्पष्ट गहरी गूँज हर जगह सुनी जा सकती थी। 'आर्यवाद' की अवधारणा का अभिजात वर्ग ने जिस प्रकार इस्तेमाल किया, उससे लोगों में एक आम प्रतिक्रिया हुई। इसके परिणामस्वरूप अभिजात वर्ग को इस आर्यवादी विमर्श में महत्त्वपूर्ण

संशोधन करने पड़े। महाराष्ट्र तथा तमिलनाडु में उठे ग़ैर-ब्राह्मण आन्दोलन के साथ-साथ, पंजाब तथा कर्नाटक जैसे दूरस्थ प्रदेशों में जन्म ले रहे दलित आन्दोलन का प्रभाव यह हुआ कि धर्म को औजार बनाकर सभी के सभी आर्य-विजय और ब्राह्मणों द्वारा किये गये शोषण पर तर्क-वितर्क करने लगे।

अधिकांश दलित आन्दोलन अपने नाम से ही दलितों के इस देश के मूलवासी होने का दावा प्रस्तुत करते हैं, जैसे पंजाब में आदि-धर्म, उत्तर प्रदेश और हैदराबाद में आदि-हिन्दू, दक्षिण भारत में आदि-द्रविड़, आदि-आन्ध्र तथा आदि-कर्नाटक। इसका उदाहरण एकदम शुरू में महाराष्ट्र में मिलता है, जहाँ आम्बेडकर से पहले के एक दलित नेता किसान फागू जी बंसोडे (1870-1946) ने 1909 में हिन्दू मित्रों को चेतावनी दी थी कि—

> "तुम्हारे पूर्वज 'आर्यों' ने हमें पराजित किया—हमारा असहनीय उत्पीड़न किया। उस समय हम हार गये थे और तुमने हमसे गुलामों से भी बदतर सलूक किया और अपनी इच्छानुसार यातनाएँ पहुँचाईं। पर अब हम तुम्हारे अधीन नहीं हैं—तुम्हारे साथ हमारा कोई मालिक-चाकर वाला रिश्ता नहीं है—हम तुम्हारे दास नहीं हैं। हम पर हिन्दुओं ने हद से ज़्यादा उत्पीड़न तथा अत्याचार किये हैं।"

बंसोडे, जो शिक्षक तथा पत्रकार थे, नागपुर में उभरे शिक्षित महार नेताओं का प्रतिनिधित्व करते थे। महार जाति के लोगों की नागपुर में कुछ जमीन थी तथा विकसित होते टेक्सटाइल उद्योग में लगे मजदूरों में उनकी संख्या लगभग 40 प्रतिशत थी। बंसोडे, अन्य क्षेत्रीय महार नेतृत्व की तरह ही बाद में ऐसे मुद्दों से विमुख हो गये। उन्होंने महार संत चोकामेला के प्रति अपनी निष्ठा जाहिर कर हिन्दू धर्म से अपनी पहचान जोड़ी। **सच तो यह है कि विदर्भ में अपना नेतृत्व स्थापित करने के लिए महारों से आम्बेडकर को लोहा लेना पड़ा।** 1920 के दशक तथा नवदलित या 'आदि' आन्दोलन, जिसमें उनके 'अनार्य' या समतावादी 'मूल भारतीय' परम्परा के उत्तराधिकारी होने का दावा अन्तर्निहित था—भारत के कई क्षेत्रों में जड़ें जमाने लगा।

आन्ध्र में, जहाँ इस प्रक्रिया को मद्रास प्रेसीडेंसी के उग्र द्रविड़ आन्दोलन ने प्रभावित किया था, व्यावसायिक तटीय क्षेत्र ने एक यायावर दलित किसान मजदूर वर्ग तथा एक छोटा शिक्षित वर्ग पैदा किया। 1917 में विजयवाड़ा में प्रस्तावित दलितों के एक सम्मेलन, जिसके संरक्षक सुधारवादी हिन्दू थे, का नाम आरम्भ में प्रथम प्रान्तीय पंचम महाजन-सभा रखा गया लेकिन बाद में विद्रोही तेवर अपनाते हुए उसे बदलकर 'आदि-आन्ध्र महाजन-सभा' कर दिया गया। उनके अनुसार तथाकथित 'पंचम' वहाँ के मूलवासी हैं तथा देश के शासक हैं। दलित अब

टकराव की मनःस्थिति में थे। उक्त सम्मेलन के दौरान शहर के बड़े मन्दिर तीन दिनों के लिए बन्द हो गये। उसके पश्चात् लगभग डेढ़ दशक तक तटीय आन्ध्र के दलितों ने आदि-आन्ध्र के नाम से ही ये सम्मेलन आयोजित किये। ये अन्ततः कांग्रेस तथा कम्युनिस्ट आन्दोलनों में 'हरिजन' के रूप में समाविष्ट हो गये। 1931 की जनगणना तक (मद्रास) प्रेसीडेंसी में 'माला' और 'मडिगा' लोगों के करीब एक-तिहाई भाग ने आदि-आन्ध्र के रूप में अपनी पहचान भी दर्ज कराई।

विजयवाड़ा सम्मेलन की अध्यक्षता भाग्यरेड्डी वर्मा (1848-1939) ने की थी। वे हैदराबाद के एक दलित थे और उनका मूल नाम मदारी भागय्या था। वे 1912 से ही आदि-हिन्दू सम्मेलन आयोजित करते हुए आ रहे थे। हैदराबाद में बुर्जुआ दलितों का एक छोटा प्रभावशाली वर्ग था, जो गुटबन्दी का शिकार था। फिर भी 1920 के दशक में इस वर्ग ने 'आदि-हिन्दू' वाली पहचान अपनानी शुरू की। 1930 तक राज्य में हुई जनगणना ने एक प्रबल सांस्कृतिक बहस के अस्तित्त्व की ओर इशारा किया–

> "आदि-द्रविड़ शिक्षा संघ ने तर्क किया कि आदि द्रविड़ों के इतिहास, दर्शन तथा सभ्यता को देखते हुए यह कहा जा सकता है कि यह दलित वर्ग ही दक्कन के मूलवासी हैं और वैदिक धर्म मानने वाले हिन्दुओं से एकदम अलग और भिन्न हैं। इस संघ का तर्क था कि हिन्दू धर्म भारत के आदिवासियों के पूर्वजों का धर्म नहीं था और यह भी कि भारत के ग़ैर-वैदिक समुदाय को मनुस्मृति और ऐसे ही अन्य धार्मिक शास्त्रों के प्रति पीढ़ी-दर-पीढ़ी चले आ रहे घृणा के कारण, अपने हिन्दू कहलाए जाने पर आपत्ति है। इस समुदाय ने विगत में स्वयं को हिन्दू जाति से सदियों तक अलग माना है। यह भी तर्क दिया गया कि वैदिक धर्म जिसे हिन्दू अपने साथ भारत पर आक्रमण के समय लेकर आये, ने ग़ैर-वैदिक आदिवासियों को अपने प्रभाव में लाने का प्रयास किया और इस प्रकार आदिवासियों ने हिन्दुओं के प्रभाव में आकर धीरे-धीरे और अर्द्धचेतन रूप से हिन्दू विचारों और पूर्वग्रहों को अपना लिया।''

इसी प्रकार हैदराबाद में तमिल दलितों ने अपनी पहचान आदि-द्रविड़ों के रूप में बनाई। तेलुगू बोलने वाले दलित स्वयं को आदि-हिन्दू कहते थे पर उनमें से एक बड़े भाग ने इसकी उग्र तथा ब्राह्मण विरोधी व्याख्या प्रस्तुत की। इस दल में भाग्यरेड्डी वर्मा महत्त्वपूर्ण व्यक्ति थे, जिन्होंने बाद में बौद्ध धर्म अपना लिया और परिवर्तनकारी नयी पीढ़ी के दलितों को, जो आम्बेडकर के अनुयायी हो गये अपना मूक समर्थन दिया। सुदूर उत्तर प्रदेश में जहाँ सम्मेलन के सिलसिले में वर्मा गये, एक नयी क्रान्तिकारी पहचान अस्तित्व में आयी। इसके सर्वप्रमुख वैचारिक

सूत्रधारों में मैनपुरी जिले के एक अछूत संन्यासी थे, जो संक्षिप्त काल के लिए आर्यसमाज के सदस्य भी रहे थे। बाद में मोहभंग के कारण उन्होंने आर्यसमाज छोड़ दिया और दलितों को 'आदि-हिन्दू' की पहचान के आधार पर संगठित करने लगे। हिन्दू धर्म से उग्र विरोध के कारण उन्होंने अपना नाम अछूतानन्द रखा और कहा—

> ''तथाकथित हरिजन ही वास्तव में आदि-हिन्दू हैं। आदि-हिन्दू का तात्पर्य है मूल या आदिवासी नाग-लोग, या उत्तर के दास लोग और दक्षिण के द्रविड़। वे निर्विवाद रूप से भारत के स्वामी हैं। अन्य सभी, आर्यों समेत, आप्रवासी हैं। आर्यों ने यहाँ के मूल निवासियों को बहादुरी से नहीं बल्कि छल-कपट से जीता...दूसरों के अधिकारों को हथिया कर, आत्मनिर्भर एवं शान्तिप्रिय लोगों को गुलाम बनने पर मजबूर किया। जो लोग समानता में विश्वास करते थे उन्हें श्रेणीकृत करके सबसे निचले स्थान पर रखा। तब से ही अछूतों और हिन्दुओं में छत्तीस का आँकड़ा रहा है।"

पंजाब में मांगू राम नामक एक दलित व्यक्ति ने, जो कि पहले आर्यसमाजी था, आदि-धर्म आन्दोलन चलाया। इसमें दलितों ने 1926 में होशियारपुर जिले के एक गाँव में आयोजित एक सम्मेलन में स्वयं को एक अलग 'क़ौम' के रूप में घोषित किया। आदि-धर्म मण्डल की रिपोर्ट में आर्य-विजय के विषय में लिखा है—

> "महान उपलब्धियों के इस काल में आर्य इस देश की मौलिक सभ्यता के विषय में सुनकर यहाँ चले आये। स्थानीय लोगों से उन्होंने युद्ध कौशल सीखा और फिर उन्हीं के विरुद्ध हो गये। छः सौ साल तक कई लड़ाइयाँ लड़ी गयीं और अन्ततः आर्यों ने हमारे पूर्वजों को, जो कि यहाँ के मूलवासी थे, मात दे दी। हमारे पूर्वज...जंगलों और पहाड़ों में धकेल दिये गये... उस समय से लेकर अब तक हिन्दू आर्यों ने इस मिट्टी के मूलवासियों का दमन ही किया है।"

सरकारी रिकार्ड में अपनी पहचान को लेकर उनके मन में फिर चिन्ता हुई। अभिलेखों में 1931 की जनगणना तक आदि-धर्मियों की संख्या 500000 तक होने की सूचना दर्ज है।

मांगू राम, अछूतानन्द, भाग्यरेड्डी वर्मा तथा किसन बंसोडे आम्बेडकर से ज़रा पहले की पीढ़ी के थे। उन्होंने एक नये आन्दोलन का प्रतिनिधित्व किया तथा उनके संगठन का मुख्य आधार ग्रामीण अछूत लोगों में आयी प्रगति था। कुछ

अछूत नयी फैक्ट्रियों तथा उद्योगों में लग गये थे, कुछ विदेशी बाग़ानों में या भारतीय सेना में सिपाहियों के रूप में जा रहे थे तथा कुछ अन्य गाँव में अपने पारम्परिक पेशे से मिली जमीन या कारखानों में लगने से या अन्य प्रकार की आमदनी से खरीदी गयी ज़मीन पर खेती में लग गये थे। दलित संगठनों के नेतृत्व की बागडोर एक विकासशील किन्तु छोटे शिक्षित या यों कहें कि अर्द्धशिक्षित वर्ग के हाथ में थी। इस काल में कई तरह की गतिविधियाँ सामने आयीं। सामाजिक सुधारों में देवदासी परम्परा को समाप्त करने तथा उपजातियों के बीच मौजूद भेदभाव को दूर करने और मद्यपान और मांस भक्षण बन्द करने का प्रयास किया गया, तो दूसरी ओर फैक्ट्री तथा मिल मज़दूरों से सम्बन्धित आर्थिक मुद्दों के आधार पर संगठन मज़बूत किया गया तथा जमीन हासिल करने के प्रयत्न किये गये।

हालाँकि ये सब कोशिशें सुधारवादी हिन्दुओं से तथा हिन्दूवादी सिद्धान्तों की स्वीकृति से जुड़ी थीं, यह अनार्य जातीय सिद्धान्त पर आधारित आदि विचारधारा ही थी, जिसने अधिकांशतः उग्रवाद के लिए जमीन तैयार की। सभी उग्र ग़ैर-ब्राह्मणों की तो बात छोड़ ही दें, सभी दलित भी इस विचारधारा के समर्थक नहीं थे। प्रत्येक प्रदेश में ऐसे भी लोग थे, जिन्होंने हिन्दू रहकर ही मन्दिरों में प्रवेश के लिए लड़ाई का रास्ता चुना। दलित नेताओं का एक महत्त्वपूर्ण वर्ग हिन्दू महासभा में भी चला गया। लेकिन आदि विचारधाराओं में व्यापक विचार थे, जिन्होंने आम आदमी को अपनी ओर खींचा, जैसा कि जनगणना रिपोर्ट से इसकी पुष्टि होती है। आदि-विचारधारा ने ब्राह्मणवाद तथा जातिगत बँटवारे के विरुद्ध एक शक्तिशाली भावोत्तेजक प्रतिरोध को अभिव्यक्ति दी, जो कि औपनिवेशिक काल में सभी दलित संगठनों में मौजूद था। ये मद्रास तथा बम्बई प्रेसीडेंसी के ब्राह्मण-विरोधी आन्दोलन के विचारों से भी जुड़े थे। अधिकांश उग्र दलितों ने भी ग़ैर-ब्राह्मणों के साथ मैत्री-नीति अपनाई हुई थी।

इन अभिव्यक्तियों में फुले के विचार से साम्य था पर फुले के काल से वे आधारभूत रूप से भिन्न थीं, जिसका पता 1920 के दशक के दौरान अनार्य विषयों के दलित-ग़ैर-ब्राह्मण रूप से लगाया जा सकता है। पहली बात तो यह कि हिन्दू धर्म के गढ़ने का एक पूरा काल ही शुरू हो गया था, जिसका ज़ोर हिन्दू राष्ट्रवाद के अत्यधिक परिष्कृत विचार के निर्माण तथा इसके प्रसार पर था। इसी काल में हिन्दू महासभा तथा राष्ट्रीय स्वयंसेवक संघ जैसे बड़े संगठन अस्तित्व में आये। जहाँ आर.एस.एस. अलग 'अन्तर्मुखी', कैडर आधारित संगठन बना रहा, वहीं हिन्दू महासभा तथा आर्य समाज ने निम्न जातियों को मिलाने के लिए अभियान चलाए।

शुद्धि अभियान (जो कि दलितों की शुद्धि या उन्हें इस्लाम धर्म से वापस हिन्दू बनाने के लिए तैयार किया गया था) मुख्य रूप से पंजाब में चलाया गया किन्तु इसके साथ जो वैचारिक आग्रह थे, उनका दायरा काफ़ी अधिक व्यापक था। इनके अनुसार दलित हिन्दू समाज के ही अंग थे और तदनुसार वाल्मीकि तथा व्यास के निम्न जाति से सम्बद्ध होने की बात पर ज़ोर दिया जाने लगा ताकि हिन्दू धर्म के महान साहित्य की रचना में उनके योगदान को बताया जा सके। उच्च जाति के हिन्दू राष्ट्रवादी अपनी हिन्दू पहचान के जातीय पहलू में संशोधन करने तथा उसकी पुनर्व्याख्या में लग गये ताकि जाति आधारित वर्ण-व्यवस्था को नकार कर हिन्दू एकता पर ज़ोर दिया जा सके। 1930 के दशक तक यह ज़ाहिर हो गया कि इस व्याख्या में आकर्षण था। न केवल ग़ैर-ब्राह्मणों का एक बड़ा भाग स्वयं को हिन्दू पहचान से जोड़ने लगा और जाति आधारित सम्मेलनों के माध्यम से क्षत्रिय होने का दावा करने लगा बल्कि कई दलित नेताओं को मिला भी लिया गया, जैसे तमिलनाडु के एम. एस. राजा तथा नागपुर के जी.ए. गवाई को, जो 'हिन्दू महासभा' में शामिल होने को भी तैयार थे।

दूसरी ओर उस समय के दलित आन्दोलनकर्ता, किसान और मजदूर के सामने वाममार्गी बुद्धिजीवियों द्वारा प्रतिपादित एक नयी क्रान्तिकारी वर्ग-संघर्ष की विचारधारा आयी। नौजवान भारतीय समाजवादियों तथा साम्यवादियों ने हिंसक संघर्ष चलाए, जिसकी ओर शोषित वर्ग का बड़ा भाग आकर्षित हुआ। उन्हें समतावादी समाज की एक नयी दृष्टि मिली। लेकिन इन वाममार्गियों ने जाति को मान्यता नहीं दी और कृत्रिम वर्गीय ढाँचे पर ज़ोर दिया, जिसने पारम्परिक पहचान की पुनर्व्याख्या करने की बजाय उन्हें नज़रअन्दाज़ किया। यह बड़ी मार्के की बात है कि गाँधी और आम्बेडकर में द्वितीय गोलमेज़ सम्मेलन के बाद हुए दुखद वैचारिक टकराव में, जबकि गाँधी तथा हिन्दू महासभाई दोनों ही आम्बेडकर के अनुयायियों के विरुद्ध शक्तियों को एकजुट करने में लगे थे और इस मुद्‌दे का अपना-अपना समाधान प्रस्तुत कर रहे थे, किसी महत्त्वपूर्ण वाममार्गी को जाति की चिन्ता नहीं थी। नेहरू अपनी आत्मकथा में बार-बार कहते हैं कि गाँधी के हरिजन आन्दोलन ने जनता का ध्यान पूर्ण स्वतन्त्रता के उद्‌देश्य से हटाकर हरिजनों के उद्धार के गौण मामले की तरफ़ ले जाने की भूमिका निभाई।

जाति के मामले से निपटने के प्रति इस प्रतिरोध के कई पहलू थे। वाममार्गी 'आदि-आन्ध्र' की सी पहचानों को भी समझ पाने में असमर्थ थे। कम्युनिस्टों ने गाँधी द्वारा आविष्कृत शब्द 'हरिजन' का आम प्रयोग शुरू कर दिया और वह भी बिना यह सोचे कि जिनके लिए इसे प्रयुक्त किया जा रहा है, उन्हें यह पसन्द है

या नहीं। उन्होंने बिना ज़्यादा कष्ट के स्वयं को हिन्दू ही समझा (शायद हिन्दू नास्तिक के रूप में)। साथ ही कम्युनिस्टों की वर्ग विचारधारा ने उद्योगों में लगे मजदूरों को उन्नत वर्ग माना तथा किसानों को (जो फुले के लिए बड़े महत्त्वपूर्ण थे) पिछड़े समाज या छोटे बुर्जुआ के रूप में मान्यता दी। भूमि लगान तथा करों के रूप में किसान वर्ग के सरकारी शोषण को नज़रअन्दाज़ कर दिया गया तथा राष्ट्रीय संघर्ष की बजाये वर्ग-संघर्ष के लिए निजी सम्पत्ति के मालिकों यानी महाजनों और ज़मींदारों आदि की शिनाख़्त की गयी।

जीपी देशपांडे का मानना है कि फुले एक सार्वभौम विचारधारा प्रस्तुत करने की चेष्टा कर रहे थे। उन्होंने दलित तथा शोषित शूद्रों तथा अतिशूद्रों को जाति के रूप में नहीं बल्कि खेतिहर समाज के रूप में पहचाना तथा इस समाज को विशुद्ध जातीय दृष्टि से भी नहीं परिभाषित किया। अनार्य आखिर एक नकारात्मक शब्द तो था ही। 1920 के दशक में इसके विपरीत कम्युनिस्ट एक अन्य विश्वव्यापी विचारधारा की सृष्टि कर रहे थे। इस विचारधारा ने समुदाय/जाति को शोषण के शिकार के रूप में नहीं माना। ऐसी सारी श्रेणियाँ जो उनकी वर्ग-विचारधारा में ठीक नहीं बैठती थीं, उन्हें इस विचारधारा ने अधिरचना करार देते हुए गौण महत्त्व दिया क्योंकि वे केवल सांस्कृतिक/वैचारिक संगठन थे। इस प्रकार की वर्गों में बाँटने वाली विचारधारा की प्रतिक्रिया में एक विशिष्ट प्रकार की जाति-विचारधारा का विकास हुआ, जिसने जाति को ही वर्ग के मुकाबले अनार्थिक सांस्कृतिक/सामाजिक कारक के रूप में स्थापित किया।

इन परिस्थितियों में जब शक्तिशाली हिन्दू राष्ट्रवाद (इसमें गाँधीवाद का अशोधित हिन्दुत्व भी शामिल है) और वर्ग-संघर्ष सम्बन्धी विचारों की हवाएँ चल रही थीं, आदिवासी पहचान की वैकल्पिक विचारधारा, जो दलित क्रान्तिकारियों द्वारा प्रस्तुत की गयी, नस्लवादी विचारधारा के रूप में देखी जाने लगी। उपरोक्त उद्धरणों से इस बात का आसानी से अनुमान लगाया जा सकता है। इस विचारधारा ने हिन्दू आर्यों को मूल रूप से उनसे भिन्न धर्मानुयायी गैर-अनार्यों को विजित कर दास बनाने के लिए जिम्मेवार माना। कभी विजेता आर्य जाति-समुदाय को व्यापक अर्थों में (सभी जातियों वाले हिन्दू धर्म) और कभी संकुचित अर्थों में (केवल उच्च जाति के रूप में) देखा गया। पर अक्सर ही जातीय तथा धार्मिक रूप से ठोस हिन्दू समुदाय के रूप में इसकी छवि देखी गयी। फुले ने तो हिन्दू धर्म को तथाकथित उच्च जातियों का धर्म मानकर एक प्रकार की वैधता प्रदान करने से भी इनकार कर दिया था चूँकि वे इसे शोषण का एक हथियार मात्र मानते थे। परवर्ती क्रान्तिकारी विचारधारा वालों ने भी हिन्दू धर्म की निन्दा तो की पर धीरे-धीरे वे भी इसे बहुत कुछ सत्य मानने लगे।

कम्युनिस्टों ने राष्ट्रीय आन्दोलन को उस समय का मूल रूप से एकमात्र

वास्तविक संघर्ष माना, जो वर्ग आधारित नहीं था। उन्होंने इसे प्रगतिशील माना क्योंकि जनतान्त्रिक क्रान्ति लाने के लिए (जिससे कि उत्पादन-शक्तियों (औद्योगीकरण) का विकास तेजी से हो सके) साम्राज्यवाद से भिड़ना जरूरी था। इसका परिणाम यह हुआ कि दलित तथा ग़ैर-ब्राह्मण आन्दोलन पर ब्रिटिश समर्थक होने का लांछन लगा। कम्युनिस्टों ने भी इस आन्दोलन के भारतीय अभिजात वर्ग या सामन्त वर्ग के विरुद्ध संघर्ष की महत्ता को मानने से इनकार किया।

इस प्रकार संघर्षशील आम जनता दो विपरीत विचारधाराओं की दुविधा में फँसी थी। एक विचारधारा उनके भारत के मूल निवासी होने या अनार्य होने के दृष्टिकोण की समर्थक थी, तो दूसरी वर्ग-संघर्ष के सिद्धान्त पर आधारित थी। विशेष रूप से सर्वव्यापी मार्क्सवादी सिद्धान्त में भारत की जाति समस्या के शामिल नहीं होने के कारण दलितों का व्यापक आन्दोलन, वर्ग-आन्दोलन तथा जाति-आन्दोलन में विभाजित होकर रह गया। चूँकि इनमें किसी प्रकार का समन्वय नहीं था, एकीकृत विचारधारा का विकास भी नहीं हो पाया और फलतः जो निम्न जाति/वर्ग के लोग राष्ट्रीय संघर्ष या वाम नेतृत्व वाले मज़दूर आन्दोलन में नहीं आ पाये, उनके जाति-विरोध की धार कुंद पड़ गयी। कांग्रेस के साए में और इसके अन्य सभी राजनीतिक आन्दोलनों पर अपने वर्चस्व के दावे के कारण कई शक्तियाँ तथा अस्मिताएँ सक्रिय रहीं। पर परस्पर असम्बद्ध रहने के कारण निष्प्रभावी रहीं।

इस फूट को पाटने का प्रथम महत्त्वपूर्ण प्रयास बीसवीं शताब्दी के महान लोकतान्त्रिक नेता डॉ. भीमराव आम्बेडकर द्वारा 1930 तथा 1940 के दशक में किया गया।

हिन्दू धर्म–एक प्रतिक्रान्ति : बी.आर. आम्बेडकर

इस तथ्य को समझना ज़रूरी है कि एक साझा भारतीय संस्कृति कभी रही ही नहीं। ऐतिहासिक रूप से भारत तीन भागों में विभाजित रहा–ब्राह्मणवादी भारत, बौद्ध भारत और हिन्दू भारत तथा तीनों की अपनी विशिष्ट संस्कृति थी...यह भी जान लेना चाहिए कि मुस्लिम आक्रमण के पूर्व भारत का इतिहास ब्राह्मण धर्म और बौद्ध धर्म के मध्य ख़ूनी संघर्ष का इतिहास है।[1]

डॉ. भीमराव आम्बेडकर (1891-1956 : आन्दोलन के दौरान बाबा साहब के नाम से मशहूर) ग़ैर-ब्राह्मणवादी आन्दोलन के उत्तराधिकारी के रूप में राजनीति में आये। अमेरिका में 1917 से 1920 के बीच कानून की डिग्री लेने के बाद वे भारत लौटे। अछूत होने के कारण बहुत सी अपमानजनक घटनाओं से गुजरने के बाद उन्होंने बड़ौदा में अपनी नौकरी छोड़ दी। बम्बई के सिडेनहम कॉलेज में प्रोफ़ेसर के रूप में काम करते हुए उनके सम्बन्ध कोल्हापुर के शाहू महाराज (जो कि राष्ट्रवादियों के बीच ब्राह्मण-विरोधी और ब्रिटिश समर्थक के रूप में कुख्यात थे) से अपने प्रारम्भिक राजनीतिक संगठन बनाने के सिलसिले में बने। उनकी चिन्ता दलित आन्दोलन को स्वतन्त्र धार देने की थी पर यह स्वतन्त्रता ग़ैर-ब्राह्मणों के साथ गठजोड़ रखते हुए लानी थी। पहला दलित वर्ग सम्मेलन नागपुर में 1920 में आयोजित हुआ, जिसमें उन्होंने शाहूजी महाराज के साथ शिरकत की। उन्होंने न केवल राष्ट्रवादी प्रवक्ताओं की खिंचाई की बल्कि अछूतों के उद्धार का नेतृत्व करने का दम भरने वाले सर्वप्रमुख ग़ैर-दलित समाज सुधारक विट्ठल रामजी शिन्दे पर भी प्रहार किये।

डॉ. आम्बेडकर ने राजनीति में अपने उभार के दौरान सतर्कता बरती। बहुत ही धीरे-धीरे उन्होंने अपने इर्द-गिर्द महार जाति के शिक्षित तथा अर्द्धशिक्षित लड़कों की तथा कुछ उच्च जाति के हमदर्दों की एक टीम संगठित की और उसका नाम 'बहिष्कृत हितकरणी सभा' रखा। इस सभा ने पूरे प्रान्त में जगह-जगह

सम्मेलन आयोजित करने शुरू कर दिये। 1926 में इस आन्दोलन ने विस्फोटक रूप धारण कर लिया, जबकि कोंकण में महाद में हुए सम्मेलन ने शहर के टैंक से पानी पीने के संघर्ष का रूप ले लिया। महाद सत्याग्रह यानी पहला अछूत मुक्ति आन्दोलन पानी ले सकने के उद्‌देश्य में सफल तो नहीं हुआ पर इसके अन्त में मनुस्मृति की प्रति जलाई गयी। यह आन्दोलन अंशतः नियोजित तथा अंशतः स्वतःस्फूर्त था। महाद का चुनाव इसलिए किया गया क्योंकि आम्बेडकर को वहाँ हिन्दू जातियों का महत्त्वपूर्ण समर्थन प्राप्त था। वहाँ महार और कुनबी किसानों को एक प्लेटफार्म पर लाने वाला पट्‌टेदार किसानों का आन्दोलन उभर रहा था (बाद में 1930 के दशक में जिसने ज़मींदार-विरोधी सबसे बड़े आन्दोलन का रूप ले लिया) और वहाँ नगरपालिका ने प्रस्ताव पारित कर पहले ही अछूतों के लिए सार्वजनिक स्थान खोलने का निर्णय ले लिया था।

साइमन कमीशन के आने तक आम्बेडकर स्पष्टतः एक मज़बूत जनाधार वाले देश के सबसे बड़े दलित नेता के रूप में उभरे। उन्हें गोलमेज़ कॉन्फ्रेंस में बुलाया जाना स्वाभाविक था। इसकी परिणति, अछूतों को पृथक् निर्वाचन क्षेत्र दिये जाने के मुद्‌दे पर गाँधीजी के साथ उनके टकराव में हुई। गाँधीजी के लिए अखण्ड हिन्दू समाज, अछूत जिसके अविच्छेद्य अंग हैं, एक महत्त्वपूर्ण और भावुकतापूर्ण मुद्‌दा था। गाँधीजी की भूख-हड़ताल और पूना समझौता (1932) ने आम्बेडकर का हिन्दू सुधारवादी आन्दोलन से मोहभंग कर दिया। इसके परिणाम में उनके जीवन के उग्र काल की शुरुआत हुई और 1935 में उन्होंने यह घोषणा की कि वे हिन्दू के रूप में पैदा तो हुए हैं पर हिन्दू के रूप में मरेंगे नहीं। उन्होंने 1936 में लाल झंडे वाली स्वतन्त्र लेबर पार्टी (आई.एल.पी.) नामक मजदूरों-खेतिहरों की पार्टी की स्थापना की। धर्मान्तरण की इस घोषणा ने पूरे देश में खलबली मचा दी, जबकि आई.एल.पी बम्बई विधान सभा में सबसे बड़ी पार्टी के रूप में उभरकर सामने आयी।

1930 का दशक, बढ़ते हुए राष्ट्रवादी आन्दोलन एवं मजदूर-किसान के संघर्ष का दशक था। आई.एल.पी. पूँजीपतियों एवं जमींदारों तथा जाति-दमन के विरुद्ध आन्दोलन छेड़ने वाली एकमात्र पार्टी बनकर उभरी। इसने ब्राह्मण बुर्जुआ चरित्र वाली कांग्रेस के विरोध का आह्वान किया तथा ग़ैर-ब्राह्मणों और दलितों को आकर्षित करने का प्रयास किया। हालाँकि आम्बेडकर ने स्वयं दलित-शूद्रों की अनार्य पहचान का कभी समर्थन नहीं किया था लेकिन उनके साप्ताहिक पत्र 'जनता' में छपी कविताओं तथा गीतों से पता चलता है कि ये विचार कितने व्यापक रूप से लोकप्रिय थे! उन्होंने कैसे वर्ग-संघर्ष के आह्वान के साथ जाति के उग्र विरोध का समन्वय बिठाया वह निम्न कविता से ज़ाहिर होता है–

भील, गोंड, द्रविड़ का सुन्दर भारत
उनका राष्ट्र, उन्हीं की संस्कृति, उनका ही शासन
हुआ उन पर आर्यों का आक्रमण,
लाये वे भारत में अपनी शक्ति
द्रविड़ों का किया दमन...
ब्राह्मण, क्षत्रिय, वैश्य बन गए मालिक
पी-पी कर लहू गुलामों का
बना दिया मशीन शूद्रों को
ब्राह्मण-क्षत्रिय और वैश्यों ने पाया
स्वामित्व का अधिकार
कहने लगे तीनों हम हैं 'भाई-भाई'
संकट देख हो जाते एक
बाँट देते शूद्रों को
फूट डाली शूद्रो में
बना दिया उन्हें मज़दूर
कांग्रेस, हिन्दू, महासभा, मुस्लिम लीग—
सबके सब अमीरों के दलाल
स्वतन्त्र मज़दूर पार्टी ही है हमारी अपनी
उठाओ 'जनता' का अस्त्र
उखाड़ फेंको मालिकों के अत्याचार का ख़ूनी जादू
उठो मज़दूरो! उठो किसानो! हिन्दुस्तान हमारा है
बनेगी मानवता मेहनत की बुनियाद पर
यह जन्मसिद्ध अधिकार हमारा है![8]

इस अवधि में स्वतन्त्र मज़दूर पार्टी(आई.पी.एल.) ने कुछ बड़े संयुक्त संघर्षों का नेतृत्व किया। इनमें सर्वप्रमुख महाराष्ट्र के कोंकण क्षेत्र में ज़मींदारों के विरुद्ध चलाया गया आन्दोलन है, जिसमें कुनबी तथा महार काश्तकार एक-दूसरे के निकट आये—विशेष रूप से ब्राह्मण-ज़मींदारों के विरुद्ध (कुछ उच्च जाति के मराठा इसमें शामिल थे), जिसमें लगभग 25000 किसानों ने 1938 में बम्बई तक मार्च किया। इसके बाद कांग्रेस द्वारा लाये गये हड़ताल-विरोधी काले विधेयक के विरुद्ध तमाम कपड़ा मिलों के मज़दूरों ने एक दिन की वृहद हड़ताल की। इन दोनों में कम्युनिस्ट शामिल थे और विशाल किसान रैली में आम्बेडकर ने, हालाँकि बहुत ही अस्पष्ट रूप से, मार्क्सवाद के प्रति अपना प्रशंसा भाव जताया—

"मैंने निश्चित रूप से यहाँ मौजूद तमाम नेताओं के मुकाबले बड़ी

मेहनत से साम्यवादी दर्शन पर अधिक किताबें पढ़ी हैं। इन पुस्तकों में साम्यवादी दर्शन की चाहे जितनी सुन्दर तस्वीर से हमारा साक्षात्कार होता हो, इसकी परख व्यवहार में होनी चाहिए। यदि इस परिप्रेक्ष्य में इस पर काम किया जाये तो मैं समझता हूँ कि जितना श्रम और समय रूस में इसकी सफलता में ख़र्च हुआ, भारत में उतने की ज़रूरत नहीं पड़ेगी...मेहनतकश वर्ग के संघर्ष के सम्बन्ध में साम्यवादी दर्शन हमसे बहुत क़रीब है।''[3]

1930 का दशक वह काल था जिसके दौरान आम्बेडकर ने एकता और संघर्ष के अपने बड़े विषयों पर सबसे ज़्यादा ज़ोरदार ढंग से विचार व्यक्त किये : मजदूरों और खेतिहरों की एकता, दलितों और ग़ैर-ब्राह्मणों (शूद्रों) की एकता और विपक्षी पार्टियों की कांग्रेस के विरुद्ध एकता। विशेष बात यह है कि इस पूरे काल में (और बाद में भी) प्रमुख जाति के किसानों, जिन्होंने गाँवों में दलितों पर मुख्य रूप से अत्याचार किये थे और दलितों ने मिलकर आम्बेडकर के नेतृत्व में जोरदार ढंग से, इसके विरोध में लड़ाई लड़ी। इसके बावजूद व्यापक स्तर पर उन्होंने दलितों की कुनबी मराठों, जो ग़ैर-ब्राह्मण पार्टियों के साथ जुड़े थे, के साथ एकता के प्रयास हेतु आह्वान किया और शाहू महाराज तथा फुले की प्रशंसा की। आम्बेडकर की स्थिति यह थी कि जाति स्तर पर ब्राह्मणवाद को वे मुख्य शत्रु मानते थे, जबकि वर्ग-दृष्टिकोण से पूँजीवादी और जमींदारी को वे अपना मुख्य शत्रु मानते थे। उन्होंने राजनीतिक विकल्प प्रस्तुत करने के लिए लगातार वाममार्गी और ग़ैर-ब्राह्मण दलित शक्तियों में एकता की वकालत की, जो कि भारतीय शासक वर्ग और साम्राज्यवादी शक्तियों से दो-दो हाथ करतीं। उदाहरणार्थ 1938 के मज़दूर-किसान संघर्ष के बाद वे पेरियार और बिहार के किसान नेता स्वामी सहजानन्द से मिले ताकि एक व्यापक मोर्चा तैयार किया जा सके। इसी प्रकार उन्होंने महाराष्ट्र के ग़ैर-ब्राह्मण नेताओं को समझाने का प्रयास किया कि वे कांग्रेस के साथ अपने आन्दोलन को न मिलाएँ और अलग रहें। उन्होंने कहा कि ऐसा न करने से वे 'हमाल' यानी ब्राह्मण नेतृत्व के क़ुली मात्र रह जाएँगे।

इतने के बावजूद 1930 का दशक कांग्रेस का कोई क्रान्तिकारी विकल्प नहीं तैयार कर पाया। इसके मुख्य कारणों में गाँधी के नेतृत्व में कांग्रेस के जन-समर्थन पाने की योग्यता तो थी ही, एक दूसरा प्रमुख कारण वाममार्गियों का यह तर्क था कि मुख्य विरोध साम्राज्यवाद से है तथा कांग्रेस साम्राज्यवाद विरोधी संयुक्त मोर्चों का प्रतिनिधित्व करती है। ये आन्दोलन लुप्त हो गये और कम्युनिस्टों ने फ़ासीवाद विरोधी युद्ध में ब्रिटिश सरकार का समर्थन किया। नतीजतन आम्बेडकर ने

महाराष्ट्र में ही सीमित 'भारतीय मज़दूर पार्टी' को व्यापक फलक देने के महत्त्वाकांक्षी प्रयास को छोड़कर, एक बहुत ही छोटे 'अखिल भारतीय अनुसूचित जाति फ़ेडरेशन' (1942 में स्थापित) में अपनी ऊर्जा लगाई। उनका उद्देश्य अंग्रेज़ी से मिलने वाली आजादी, जिसे वे अब अपरिहार्य मानते थे, से अधिकाधिक सुविधाएँ प्राप्त करना था। अतः उन्होंने ब्रिटिश सरकार में श्रम मन्त्री का पद तुरन्त स्वीकार कर लिया। फिर स्वतन्त्रता के बाद नेहरू के शासन काल में उन्होंने क़ानून मन्त्री का पद भी तत्परता से स्वीकार कर लिया। आम्बेडकर अब भी कांग्रेस को ब्राह्मण बुर्जुआ लोगों की पार्टी मानते थे। चूँकि इसमें किसी तरह परिवर्तन लाना उनके वश से बाहर था, इसीलिए वे सुधारवादी दलीय राजनीति की ओर मुड़ गये।

आम्बेडकर ने हमेशा दलितों के उद्धार हेतु आर्थिक तथा सामाजिक दोनों प्रकार के उपायों की आवश्यकता पर ज़ोर दिया था लेकिन एक मार्क्सवादी मशीनी ढाँचे को स्वीकार करने के कारण, वे इन दोनों को अलग समझने लगे, न कि एक-दूसरे से गहरे जुड़े हुए, जैसा कि फुले ने सोचा था। आर्थिक मोर्चे पर उन्होंने प्रायः नेहरूवादी वाम-मार्ग अपनाया। हालाँकि 1920 के दशक की शुरुआत में वित्तीय एवं मौद्रिक नीति पर दो वृहत पुस्तकें लिखी थीं, जो मोटे तौर पर एक नवशास्त्रीय परिदृश्य (ब्रिटिश शासन की तीखी आलोचना के साथ) प्रस्तुत करती थीं। 1930 तथा 1940 के दशक में वे एक समाजवादी ढाँचे की ओर उन्मुख हुए, जिसके अन्तर्गत औद्योगिक विकास राज्य-निर्देशित होता है। पर राज्य मशीनरी पर उच्च जातियों के प्रभुत्व के मसले पर वे चुप रहे। ये विचार उनकी पुस्तक स्टेट्स एंड माइनॉरिटीज़(States and Minorities) में व्यक्त किये गये हैं, जो कि 'अनुसूचित जाति फ़ेडरेशन', की ओर से सांवैधानिक सम्मेलन में रखे गये थे, हालाँकि अर्थशास्त्र उस समय तक उनकी बड़ी चिन्ताओं में से नहीं था। उन्होंने अपनी बौद्धिक ऊर्जा का अधिकांश जाति-प्रथा के ऐतिहासिक मूल कारणों तथा भारत की सांस्कृतिक पहचान के मुद्दे पर लगा रखा था।

आम्बेडकर ने शुरुआत न केवल मार्क्सवादी वर्ग-सिद्धान्त को अस्वीकार करके की, बल्कि तत्कालीन अन्य दलित परिवर्तनकामियों द्वारा अनार्यों की पहचान के दावे के सम्बन्ध में प्रस्तुत एक विशिष्ट जाति सिद्धान्त को भी नकार दिया। यह उनके जीवन में ही प्रकाशित उनकी दो पुस्तकें 'हू वेयर द शूद्राज़' (Who Were the Shudras) और 'द अनटचेबल्स'(The Untouchables) से स्पष्ट है। लेकिन उनकी अन्य दो अप्रकाशित पांडुलिपियों–'रेवॉल्यूशन एंड काउंटर-रेवॉल्यूशन इन एंशियंट इण्डिया'(Revolution and Counter-Revolution in Ancient India) तथा 'द अनटचेबल्सः चिल्ड्रन ऑफ इण्डियाज़ गेटो' (The untouchables : Children of India's Ghetto) से एक ऐतिहासिक सिद्धान्त रचने के उनके प्रयास के विस्तार

का पता चलता है। रेवॉल्यूशन एंड काउंटर-रेवॉल्यूशन (Revolution and Counter-Revolution) सैद्धान्तिक विश्लेषण की उनकी प्रमुख पुस्तक है और इसका आरम्भ ही जाति सम्बन्धी आर्य-सिद्धान्त को सीधे-सीधे नकारने से होता है–

> "आर्य कोई जाति नहीं थे। आर्य लोगों का एक समूह था। जिस बात ने उन्हें जोड़ रखा था वह थी आर्य संस्कृति के नाम से जानी जाने वाली संस्कृति को बनाए रखने में उनकी अभिरुचि।"[4]

उन्होंने इससे पूर्व भी स्पष्ट रूप से कहा था–

> "वास्तव में जाति-प्रथा, भारत में विभिन्न जातियों के रक्त तथा संस्कृति के घुल-मिल जाने के बहुत बाद की बात है। यह कहना कि जाति भेद वास्तव में नस्लों का भेद है और विभिन्न जातियों के अस्तित्त्व के आधार पर उतनी ही संख्या में नस्लों के वजूद की बात करना, तथ्यों का घोर विकृतिकरण ही है। पंजाब के ब्राह्मण तथा मद्रास के ब्राह्मण के बीच क्या सम्बन्ध है? बंगाल के अछूतों तथा मद्रास के अछूतों में क्या रिश्ता है...पंजाब का ब्राह्मण नस्ल से पंजाब के चमार से अलग नहीं है और मद्रासी ब्राह्मण और मद्रासी अछूत एक ही नस्ल के हैं। **जाति-प्रथा नस्ल के वैभिन्य को इंगित नहीं करती**।"[5]

ऐसा भी नहीं है कि आम्बेडकर ने 'नस्ल' वाले तत्त्व को पूरी तरह नकार ही दिया था। उदाहरण के लिए प्रारम्भिक मगध-मौर्य साम्राज्य को वे नागवंशियों की रचना मानते थे। उन्होंने तर्क प्रस्तुत किया कि जाति की व्याख्या करने के लिए नस्लों को, बिना विचारे प्राथमिकता नहीं देनी चाहिए। उनके विचार में सभी वर्ण किसी न किसी तरह संकर ही हैं। उदाहरणार्थ प्रारम्भ में शूद्र क्षत्रिय आर्यों की ही एक जाति थे और ब्राह्मणों से उनके विरोध के कारण उनकी जाति को निम्नीकृत कर दिया गया। उसके बाद ही हारे हुए काले अनार्यों के साथ उन्हें मिला दिया गया। आम्बेडकर ने आर्थिक आधार पर जाति की व्याख्या को भी नकार दिया। उनका कथन, जो कि जाति पर चर्चा के उनके विशिष्ट अन्दाज़ को परिलक्षित करता है, मशहूर है कि जाति श्रम-विभाजन के कारण अस्तित्व में नहीं आयी बल्कि यह तो श्रमिकों का विभाजन है।

इस प्रकार जाति न तो नस्ल से थी और न आर्थिक आधार पर। फिर कौन से मुख्य कारण थे? आख़िर लोगों के इस सामाजिक विभाजन और ऐतिहासिक परिवर्तन के उद्देश्य क्या थे, जिनके कारण जाति अस्तित्व में आयी? वर्ग और नस्ल को नकार कर और हिंसा की उपेक्षा कर, उन्होंने वैचारिक तथा धार्मिक कारणों पर ज़ोर दिया। आम्बेडकर के विश्लेषण में ये सभ्यता सम्बन्धी शक्तियों के रूप में अन्तर्गुम्फित हैं, जिनके कारण भारतीय समाज में संघर्ष तथा परिवर्तन उत्पन्न हुए। सिन्धु घाटी की

सभ्यता के अस्तित्व से अनभिज्ञ, उन्होंने तीन मुख्य चरणों को उनके अन्तर के साथ प्रस्तुत किया, जिनमें मुख्य बात असमानतावादी और दमनकारी हिन्दू धर्म तथा उन्नत समतावादी और बुद्धिसंगत प्रणाली वाले बौद्ध धर्म के मध्य टकराव था—

(क) ब्राह्मणवाद (वैदिक काल मूल रूप से जनजाति की प्रकृति वाले, जिसमें वैदिक आर्यों में वर्ण प्रथा प्रचलित थी, हालाँकि यह जन्म के आधार पर नहीं थी)

(ख) बौद्ध धर्म का क्रान्तिकाल, जिस काल में मगध तथा मौर्य साम्राज्य का उत्थान हुआ और स्त्रियों की दशा तथा शूद्रों की सामाजिक स्थिति में, जो वैदिक युग के अन्तिम चरणों में अधोगति को पहुँच गयी थी, ज़बर्दस्त सुधार आया; और

(ग) हिन्दू धर्म का प्रतिक्रान्तिकाल—जिसकी विशिष्टताओं में मनुस्मृति, वर्णों का जाति में परिवर्तन और शूद्र तथा स्त्रियों की पूर्ण अधोगति आते हैं।[6]

विजयी ब्राह्मणवाद ने शूद्रों तथा स्त्रियों, दोनों पर दास-प्रथा के पुराने विचार थोपने हेतु हल्ला बोल दिया और शूद्रों तथा स्त्रियों को दास वर्ग बना लेने में उनको सफलता भी मिली। शूद्र उच्चतर तीन वर्गों/जातियों के गुलाम बने और स्त्रियाँ अपने पतियों की। ब्राह्मणवाद द्वारा बौद्ध धर्म पर विजय पाने के बाद किये गये कुकृत्यों में यह सबसे घृणित था। वर्ग प्रभुत्व के नाम पर एक लंठ वर्ग द्वारा समाज के लोगों के निम्नीकरण के जघन्य कुकृत्य की ऐसी मिसाल दूसरे किसी देश के इतिहास में नहीं मिलती।[7]

यहाँ यह ध्यान देने की बात है कि 'शूद्र' शब्द से डॉ. आम्बेडकर का तात्पर्य स्पष्टतः केवल अछूतों से ही नहीं था, जिन्हें गाँव की सीमा के बाहर बसे 'टूटे-हारे लोगों' के रूप में देखते थे। इसमें वे ग़ैर-ब्राह्मण आमजन भी शामिल थे, जिन्हें वे जाति-प्रथा के अछूतों तथा जनजातियों के शिकार के रूप में देखते थे। 1940 के दशक तक इन शक्तियों द्वारा एक होकर संघर्ष करने का उनका सपना काफी कमज़ोर पड़ गया था और अपने राजनीतिक लेखन में हिन्दुओं को बहुसंख्यक, जिसमें ग़ैर-ब्राह्मण शामिल थे और जो मुसलमान तथा दलितों के विरुद्ध थे, के रूप में प्रस्तुत कर रहे थे। तो भी आम्बेडकर की दीर्घकालीन नीति इस बहुसंख्यक वर्ग को तोड़ने की रही ताकि 'हिन्दू धर्म' को ही विघटित किया जा सके और ऐसा करने के लिए उन्होंने ब्राह्मणवादी बुर्जुआ कांग्रेस के विरुद्ध दलितों तथा मध्यम जातियों (ग़ैर-ब्राह्मण) की एकता, जो कि जातियों के साथ-साथ किसान-वर्ग तथा कामगार-वर्ग की एकता भी थी, क़ायम करने की रणनीति अपनाई। जीवन के अन्तिम वर्षों में वे इस प्रकार के संयुक्त मोर्चे की ओर फिर से लौटे, जिसकी अभिव्यक्ति उनकी 'अनुसूचित जाति फ़ेडरेशन' की जातिविहीन 'रिपब्लिकन पार्टी' की स्थापना में हुई।

मराठी भाषी राज्य के लिए संघर्ष के उद्देश्य से संगठित संयुक्त महाराष्ट्र समिति में इस पार्टी ने भाग लिया। वास्तव में यह विपक्षी पार्टियों का पहला वाम लोकतान्त्रिक मोर्चा था। आम्बेडकर ने मराठी भाषी राज्य की प्राप्ति के बाद भी इस मोर्चे को बनाए रखने और ग्रामीण निर्धनों के हितों की लड़ाई लड़ने की वकालत की थी। 1956 तथा 1965 दोनों वर्ष उनके दायें हाथ के रूप में मशहूर दादा साहब गायकवाड़ तथा वाममार्गी किसानों के नेतृत्व में विशाल भूमि सत्याग्रह चला।

इतना सब होने के बावजूद आम्बेडकर अपने दलित अनुयायियों के बीच न तो खेतिहरों तथा श्रमिकों के वर्ग के बीच एकता क़ायम करने के लिए जाने जाते हैं और न ही व्यापक आधार वाले संगठन के रूप में रिपब्लिकन पार्टी के निर्माण के लिए नये सिरे से किये गये अपने प्रयास के लिए। उन्हें तो नागपुर में लगभग दस लाख दलितों सहित अपने बौद्ध धर्मातन्रण के लिए ही याद किया जाता है। आम्बेडकर के लिए तथा उनके अनुयायी बने उग्र दलितों के लिए हिन्दू धर्म का अन्तिम विश्लेषण एक जाति आधारित धर्म के रूप में ही रहा, जिसका परित्याग तथा विनाश भारत में आमजनों की मुक्ति के लिए ज़रूरी था। 1936 में उन्होंने गाँधी और पंजाब के जाति-विरोधी उग्र सुधारवादियों से असहमति जताते हुए लिखा था कि—

> “धर्म के मसले से निबटना ज़रूरी है। भारतीय समाजवादियों को जाति के मुद्दे पर, यदि क्रान्ति के पहले नहीं तो बाद में विचार करना ही होगा। यह ऐसी ही स्थिति है, जिसमें आप कहें कि जिस दिशा में मुड़कर देखो जाति का दानव आप के रास्ते में खड़ा नज़र आयेगा ही। आप राजनीतिक सुधार या आर्थिक सुधार कर ही नहीं सकते, जब तक कि इस दानव को जान से मार नहीं डालते।”[8]

उनका तर्क था कि इसके लिए आपको श्रुतियों और शास्त्रों के धर्म को खत्म करना होगा—“और कोई विकल्प है ही नहीं। आप हिन्दू धर्म को तभी बचा पायेंगे जब आप ब्राह्मणवाद को मार देंगे।” उन्होंने हिन्दू धर्म के सुधार के लिए मार्ग बताते हुए, अपना प्रहार तनिक हल्का करते हुए ऐसा कहा था। शायद उनकी इस प्रकार की भाषा ने ही भाजपा को, उन्हें हिन्दू सुधारवादी के रूप में अपनाने का मौक़ा दिया है। पर दरअसल आम्बेडकर के इस सुधारवाद के अनुसार हिन्दू धर्म के सभी पवित्र ग्रन्थों का परित्याग ज़रूरी है; राम और कृष्ण के आदर्श को छोड़ना ज़रूरी है। और अन्ततः आम्बेडकर भी यह सब सम्भव मानने के लिए तैयार नहीं थे। इस व्यापक आलोचना में उनके अप्रकाशित लेखन के तेवर कठोर हैं—

> “क्या हिन्दू धर्म में कोई ऐसा सिद्धान्त नहीं है, जिसे सभी हिन्दू अपने सभी मतभेदों को भूलकर स्वेच्छा से मानने को तैयार हो सकें? मुझे

लगता है कि वह केवल एक ही सिद्धान्त है और वह है जाति का सिद्धान्त।"

मुक्ति के मार्ग में आर्थिक और वैचारिक दोनों लड़ाइयाँ शामिल थीं। आम्बेडकर ने आर्थिक मोर्चे की लड़ाई कभी नहीं छोड़ी, हालाँकि उनका ज़ोर वैचारिक/सांस्कृतिक संघर्ष पर ही अधिक था। वे इस आन्दोलन को पूरी तरह आर्थिक विकल्प के साथ नहीं जोड़ पाये। लेकिन उन्होंने इसे वह धार दी, जो समाजवादियों के सामने चुनौती के रूप में हमेशा बनी रहेगी—यानी राह में खड़े 'दानव' अर्थात् जाति और उसके धार्मिक औचित्य के मसले से निबटने की चुनौती।

दिल्ली राज के रूप में हिन्दू धर्म–पेरियार और राष्ट्रीय प्रश्न

औपनिवेशिक शासन जब अपनी समाप्ति के कगार पर था, भारतीय राजनीतिक-पटल पर मुस्लिम अलगाववाद और हिन्दू पहचान का मुद्दा छाया हुआ था। हिन्दू धर्म एक सर्वस्वीकृत पहचान के रूप में स्थापित हो गया था–चाहे वह अधिकांश कांग्रेसियों द्वारा घोषित नरमपंथी तथा उदार हिन्दू धर्म हो या उत्तरोत्तर उग्र होता हिन्दू राष्ट्रवाद। 1920 तथा 1930 के दशकों में उग्र हिन्दू राष्ट्रवाद के पल्लवित होने के साथ, न केवल रक्त तथा क्षेत्र पर अधिकाधिक बल दिया जाने लगा बल्कि भाषा पर भी ज़ोर दिया जाने लगा, जिसके अन्तर्गत संस्कृत/हिन्दी को सर्वोत्कृष्ट भारतीय भाषा के रूप में प्रस्तुत किया गया। यह मुख्यतः उत्तर भारतीयों के पक्षपात के कारण हुआ। हिन्दी-हिन्दू-हिन्दुस्तान का उत्तर भारतीय रूढ़िवादियों के भड़कीले नारे का एक महत्त्वपूर्ण नकारात्मक पक्ष यह भी था कि–

> "भाषा, धर्म और राष्ट्र के समीकरण ने, न केवल भिन्न धार्मिक पहचान वालों को बल्कि पृथक् भाषाई वालों को भी, स्वयं को एक अलग राष्ट्र के रूप में देखने को बाध्य किया। इस प्रकार हिन्दू कट्टरपंथ के प्रबल धुरीकरण की प्रवृत्ति का दूसरा पहलू यह भी था कि कई जाति-विरोधी आन्दोलन एक क्षेत्रीय, उत्तर भारत-विरोधी तथा ब्राह्मण-विरोधी पहचान वाले बनकर रह गये।"

> ''जाति कौमियत नहीं है। आम्बेडकर ने इस अन्तर पर सर्वाधिक बल दिया था और दृढ़तापूर्वक भारतीय, यहाँ तक कि केन्द्रवादी रुख अपना लिया था। पर जाति, समुदाय तथा कौमियत, सबके समान लक्षण हैं, जो कि देशी भाषा के दो शब्द 'जाति' तथा 'कौम' से भी स्पष्ट

परिलक्षित होते हैं क्योंकि इनके अर्थ परस्परव्यापी हैं। ब्राह्मण अभिजातवर्गियों को आर्य तथा स्वयं को अनार्य, जो कि एक पृथक् समुदाय तथा भिन्न नस्ल के हैं, मानते हुए फुले के समय से ही जाति-विरोधी आन्दोलन के बड़े भाग ने इस बात पर ज़ोर दिया था। भारत में विद्यमान विभिन्नताओं को दृष्टिगत रखते हुए जो कि विशेष रूप से ग़ैर-ब्राह्मण तथा दलित समुदायों में ज्यादा परिलक्षित होती हैं, यह आश्चर्य की बात नहीं है कि ये आम कौमियत वाली पहचानें अलग-अलग क्षेत्रों या प्रदेशों में अलग-अलग रूप में अभिव्यक्त हुई हैं। 'हिन्दू' तथा 'ब्राह्मण', विरोध विभिन्न अहिन्दी तथा कभी-कभार उत्तर भारत-विरोधी भारतीय राष्ट्रीयता वाली पहचानों में प्रकट हुआ।''

उदाहरणार्थ 1930 के दशक तक सिक्ख तथा मुस्लिम पहचानों में क्षेत्रीय/राष्ट्रीय आयाम जुड़े थे। इन पहचानों ने इस प्रक्रिया में कांग्रेसी वर्चस्व का विरोध, उसे 'हिन्दू वर्चस्व तथा 'ब्राह्मण-बनिया राज' कहकर किया। विपक्ष द्वारा चलाई गयी जाति चर्चा ने उन्हें ग़ैर-ब्राह्मण और दलित आन्दोलनों से जोड़ने में सहायता की और सम्भवतः उस समय बन रहे गठबन्धनों के लिए ज़मीन तैयार की। 1930 के दशक में पंजाब के मांगू राम ने यूनियनिस्ट पार्टी से तथा नामशूद्रों ने कृषक प्रजा पार्टी के साथ बंगाल में गठजोड़ किया। उसी काल में हिन्दू-मुस्लिम के बीच प्रबल वैमनस्य, जो कि मुख्य रूप से उत्तर भारत में पल-बढ़ रहा था, कई अन्य प्रदेशों के क्षेत्रीय अलगाव तथा स्वतन्त्रता की माँग के रूप में सामने आया। 1940 के दशक के अन्तिम वर्षों में पाकिस्तान के लिए चले आन्दोलन ने अन्य क्षेत्रों में द्रविड़िस्तान तथा ऐसी ही अन्य प्रवृत्तियों को पुष्ट किया। हिन्दू धर्म का विरोध एक बहुत ही जटिल उत्तर भारत विरोधी तथा केन्द्र विरोधी स्वरूप धारण कर रहा था।

तमिलनाडु में घटी घटनाओं से इस प्रक्रिया को समझने में सहायता मिलती है। यह मज़बूत तथा स्वतन्त्र द्रविड़ भाषाई पहचान वाला प्रदेश रहा है और इस उपमहाद्वीप का दक्षिणी ऐतिहासिक केन्द्र रहा है। इसे उत्तर क्षेत्र के लोग कभी जीत नहीं पाये। तमिलनाडु के अपने साम्राज्य समुद्र पार तक में थे जिनका उत्तर पश्चिमी एशिया से जुड़ाव होने की बजाय दक्षिण-पूर्व एशिया से ज्यादा गहरा सम्बन्ध रहा है। यहाँ 19वीं शताब्दी के बाद के वर्षों से ही ब्राह्मण-विरोधी तबक़ा रहा है, जो खुद को इस देश का अनार्य मूल निवासी होने का दावा करता रहा है। इसके परिणामस्वरूप प्राचीन तमिल समाज को आदर्श माना गया; शैव मत या शैव सिद्धान्त के दर्शन को देशी, यहाँ तक कि अहिन्दू धर्म बताया गया, जो कि द्रविड़ पहचान का आधार बना। यही 1940 और 1950 के दशक के आते-आते तक तमिल

राष्ट्रवाद का आधार भी बना।

तमिलनाडु में प्रारम्भिक ग़ैर-ब्राह्मण आन्दोलन महाराष्ट्र की अपेक्षा अधिक अभिजात वर्गीय था क्योंकि उच्च जातीय वेल्लाला और अन्य ग़ैर-ब्राह्मण भूपति तथा व्यवसायी—जो कि तेलुगू और मलयालम भाषी क्षेत्रों से थे, अपने दम पर ब्राह्मण से लोहा लेने में समर्थ थे, उन्हें उसके लिए जनआन्दोलन बनाने की आवश्यकता भी नहीं थी। किन्तु 1920 के दशक तक एक नया उग्र जनआन्दोलन उठ खड़ा हुआ। इसके नेता ई. वी. रामास्वामी 'पेरियार' (1879-1973) थे। वे इरोडे के एक व्यापारी परिवार के थे। 1919 में वे कांग्रेस में शामिल हो गये थे पर इसके ब्राह्मणवादी नेतृत्व के कृत्यों को देखकर उनका इस पार्टी से मोहभंग हो गया।[1] 1920 के दशक के प्रारम्भ में उन्होंने 'वाइकोम मन्दिर सत्याग्रह' में भाग लिया, जिसमें उन्होंने एक उग्र रवैया अपनाया और गाँधी से टकराव मोल लिया। बाद में उन्होंने बताया कि जब वे एक समझौता करने की कोशिश में थे, तभी गांधी ने उन्हें सत्याग्रह से बाहर कर दिया था। इसके बावजूद वे 'वाइकोम के नायक' के रूप में तमिलनाडु वापस आये। बाद में कांग्रेस के नेताओं से ग़ैर-ब्राह्मणों तथा अछूतों के विधान सभाओं में आरक्षण के प्रस्ताव लाने के मुद्दे पर उनका टकराव हुआ। 1925 में पेरियार ने कांग्रेस छोड़ दी। 1927 में अपने दक्षिण भारत के दौरे पर गांधी ने वर्णाश्रम प्रणाली का बचाव किया, जिसका पेरियार ने निजी मुलाक़ात के दौरान तथा अपने पत्र 'कुडी अरसू' में प्रकाशित लेखों में ज़बर्दस्त विरोध किया। उन्होंने जोर देकर कहा कि देश की आज़ादी के लिए कांग्रेस, हिन्दू धर्म तथा ब्राह्मण वर्चस्व तीनों का नाश आवश्यक है।[2]

पेरियार ने 1926 में 'आत्म सम्मान लीग' की स्थापना की, जिसका पहला अधिवेशन 1929 में हुआ। यह सम्मेलन पूरे तमिलनाडु में आन्दोलन बनकर फैल गया। आन्दोलन का पूरा ज़ोर फुले के सत्यशोधक समाज की तरह ही, ब्राह्मण पुरोहितवाद का विरोध, जाति की समाप्ति और स्त्रियों की मुक्ति पर था। उन्होंने फुले से कहीं अधिक, लगभग सभी धर्मों पर प्रहार किये और अभिजात वर्ग के परिवर्तित शैव धर्म से भिन्न घोर नास्तिकता का उद्घोष किया—

ईश्वर नहीं है
नहीं है कोई ईश्वर
ईश्वर का कोई अस्तित्व ही नहीं है
ईश्वर का आविष्कारक मूर्ख है
ईश्वर का प्रचारक कमीना है
ईश्वर की आराधना करने वाला बर्बर है

फुले के आस्तिकवाद और पेरियार के नास्तिकवाद में जो विरोध है, वह एक प्रकार से केरल के नारायणस्वामी गुरु के 'एक धर्म, एक जाति, एक ईश्वर' वाले सिद्धान्त के उनके अपने एक शिष्य अयप्पन के–'मनुष्य के लिए कोई धर्म, कोई जाति, कोई ईश्वर नहीं' सिद्धान्त द्वारा जताए गये विरोध का सा ही था। आत्मसम्मान आन्दोलन के क्रान्तिकारी राष्ट्रवाद ने उस समय के कई लोगों को प्रेरणा दी, जिनमें कवि भारती दसन भी थे। उनके 1938 में प्रकाशित प्रथम काव्य संकलन में मूल तमिल मूल्यों का आह्वान किया गया है। यह आह्वान स्वर्ण युग की ओर लौटने का पुनरुत्थानवाद नहीं है बल्कि यह स्वतन्त्र आधुनिकता की प्रेरणा से ओतप्रोत है–

क्या औरतों के हक को नकारना महानता है?
या है महानता औरतों की उन्नति से प्रसन्न होने में?
क्या यह सही है कि औरतें प्रेम के कारण ब्याह करती हैं?
या यह सही है कि बाल-विवाह के बाद हम उनकी जान ले लेते हैं?
क्या वेद और ईश्वर की सड़ांध के बावजूद उनमें यकीन करना उचित है?
या कि इस धरा पर समाजवाद लाना सही है?
क्या हम अपने मतभेद और मनभेद लिए इसी तरह जीते रहेंगे?
या हम आत्मसम्मान के साथ आगे बढ़ेंगे?[3]

भारती दसन के समाजवाद में एक नवक्रान्तिवाद तथा 1930 के दशक में अस्थायी रूप से जाति और वर्ग-विरोधी अभियान के मुद्दे मेल खाते हैं। एक ओर पेरियार के ओजपूर्ण तमिल भाषणों में अभिव्यक्त समतावाद, जाति-विरोधी सुधारवाद तथा नास्तिकता–निम्नजाति के उग्र नौजवानों को अपनी ओर आकृष्ट कर रही थी, जिससे पुराने ग़ैर-ब्राह्मणवाद को नयी शक्ति तथा ओज मिल रहा था–तो दूसरी ओर सिंगारावेलू नामक मछली-मजदूरों की जाति की एक यूनियन नेता द्वारा एक महती भूमिका निभाई गयी। सिंगारावेलू दक्षिण भारत के पहले कम्युनिस्ट के रूप में जाने जाते हैं। वे वास्तव में स्वतन्त्र रूप से लेबर पार्टी, जो कि कम्युनिस्ट पार्टी का अग्रदूत कहलाती है, की स्थापना करने वाले पहले व्यक्ति थे।[4]

1932 में पेरियार ने सोवियत संघ की यात्रा की और निरीश्वरवादी समाजवाद की ठोस उपलब्धियों को देखकर प्रभावित हुए। उसी समय सिंगारावेलू ने 'कुडी अरासू' पत्र में समाजवाद पर कई विश्लेषणात्मक लेख लिखे और इतिहास की भौतिकवादी व्याख्या प्रस्तुत की। पेरियार जब वापस आये तो सिंगारावेलू के साथ मिलकर दिसम्बर 1932 में उन्होंने एक नया प्रोग्राम 'आत्मसम्मान' एक्टिविस्टों के समक्ष रखा। उन्होंने 'समधर्म पार्टी' के नाम से कार्यक्रम गठित करने की बात भी की। 'समधर्म' शब्द ही तमिल भाषा में समाजवाद का सबसे उपयुक्त पर्यायवाची

था। 'आत्मसम्मान' मंचों से समाजवाद का धुआँधार प्रचार होने लगा और ग़ैर-ब्राह्मण कार्यकर्ताओं द्वारा भूमिपतियों तथा महाजनों के विरोध में सम्मेलन आयोजित किये जाने लगे।

लेकिन वाममार्गियों और जातिविरोधियों की इस एकजुटता पर आरम्भ से ही जैसे ग्रहण लग गया था। ग़ैर-ब्राह्मण आन्दोलन के भीतर मौजूद पुरातनपंथी लोगों ने इसका विरोध किया और 1933 में जब पेरियार को गिरफ़्तार कर जेल भेजा गया, तो यह स्पष्ट हो गया कि ब्रिटिश सरकार का दबाव इस एकजुटता के विरुद्ध पड़ रहा है। दूसरी ओर बम्बई में केन्द्रित कम्युनिस्ट नेताओं ने वर्ग-विरोध में किसी भी प्रकार के परिवर्तन को सन्देह की दृष्टि से देखा। सिंगारावेलू के देसी समाजवाद, जिसे उसके जाति-विरोधी आन्दोलन तथा क्षेत्रीय-राष्ट्रीय पहचान वालों के साथ सम्बन्ध के कारण, ख़तरनाक वर्ग-विहीन शक्तियों के रूप में देखा गया, को कठोरतापूर्वक नियन्त्रण में रखना जरूरी था। सिंगारावेलू, जो अपने जीवन के सातवें दशक में थे, ने 1934 में कहना शुरू किया कि 'समधर्म' शब्द को पार्टी के नाम से हटा दिया जाना चाहिए और सीधे-सीधे सोशलिस्ट शब्द इस्तेमाल करना चाहिए। दरअसल इस गठजोड़ में वास्तविक टूट एक पूर्णतः राजनीतिक मुद्दे पर हुई। मुद्दा यह था कि आत्मसम्मान आन्दोलन वालों को जस्टिस पार्टी या कांग्रेस पार्टी का समर्थन करना चाहिएं या नहीं। पेरियार को अपना राजनीतिक भविष्य जस्टिस पार्टी के पुनरुत्थान और क्रान्तिमूलक परिवर्तन में ही दीखता था पर वाममार्गी अपना भविष्य केवल कांग्रेस के साथ ही जोड़कर देखते थे, जिसे 1935 ई. तक वे स्पष्ट रूप से साम्राज्यविरोधी संयुक्त मोर्चा मानने लगे थे। 1936 में वामपंथी नेतृत्व ने सिंगारावेलू तथा अन्यों को अपना संगठन विघटित कर कांग्रेस सोशलिस्ट पार्टी में शामिल होने के निर्देश दिये, जो कि अखिल भारतीय राष्ट्रीय कांग्रेस का एक अंग था और जिसके अन्दर वामपंथी काम कर रहे थे। जिस सम्मेलन में आन्दोलन को विघटित किया गया था, उसमें डांगे ने अपने भाषण में भाषाई राष्ट्रवाद के ख़तरों को रेखांकित किया। उन्होंने सम्मेलन में शरीक सभी लोगों को याद दिलाया कि तमिलनाडु ही नहीं, पूरा भारत ब्रिटिश साम्राज्यवादी शासन के अधीन है और जब तक भारत की इस गुलामी को पूरे भारत से उखाड़ नहीं फेंका जाता, समाजवाद का सपना देखना भी नामुमकिन है।[5]

नौजवान क्रान्तिकारी कम्युनिस्ट कैडरों के आन्दोलन छोड़कर चले जाने का परिणाम यह हुआ कि इस वर्ग के समर्थन बल से इस आन्दोलन को वंचित होना पड़ा। पेरियार और उनके सहकर्मी ब्राह्मण वामपंथियों के साथ टकराव के कारण स्वयं को और अधिक भाषाई राष्ट्रवाद से जुड़ा पाने लगे। दक्षिण में अनार्यों को एक विशिष्ट जातीय एवं राष्ट्रीय पहचान देना आसान था क्योंकि वहाँ लोगों के

पास ऐसी भाषा थी, जिसका मूल यूरोपीय नहीं था और जिसके मूल निवासी या तो द्रविड़ थे या तमिल। फुले ने विष्णु द्वारा अपने अवतरित रूपों से इस उपमहाद्वीप पर आर्यविजय की पताका फहराने की कहानी पर ज़ोरदार चोट की थी। पेरियार ने इसे उत्तर की दक्षिण पर विजय का नाम दिया। फुले ने पौराणिक चरित्र किसान राजा—'बाली राजा' को नायक के रूप में प्रस्तुत किया था। तमिलों ने रावण को दक्षिण की अस्मिता से जोड़ा। यह रामायण की लोकप्रिय परम्पराओं के अनुरूप था। दक्षिण तथा पश्चिमी भारत, दक्षिण-पूर्वी एशिया और कश्मीर में भी रामायण की वाल्मीकेतर प्रस्तुतियों में रावण को नायक माना जाता है। इन प्रस्तुतियों में राम को नायक के रूप में प्रस्तुत करने वाले चीनी तथा उत्तर भारतीय रामायणों में सामन्तवादी, पितृसत्तात्मक तथा वर्णवादी मूल्यों पर दिये ज़ोर के विपरीत, रावण के प्रेम और युद्ध, वीरता तथा दुखद अन्त को रेखांकित किया गया है।

1940 के दशक तक तमिल/द्रविड़ राष्ट्रवादी मुद्दे, विपक्षी राजनीति पर हावी होने लगे। 1936 में भारत के अन्य भागों की तरह मद्रास राज्य में राजगोपालाचार्य के नेतृत्व में एक कांग्रेस सरकार सत्ता में आयी। सुमित सरकार के शब्दों में—

"जब कांग्रेस में धीरे-धीरे दक्षिणपंथ की ओर झुकाव आने लगा, जिसे कभी-कभी वामपंथी वाक्शैली[6] में छिपा कर प्रस्तुत किया जाता था, तो देश के कई भागों में किसानों तथा मज़दूरों के संगठन आक्रामक हो उठे। मद्रास में भी हड़तालें और अभियान चले पर पेरियार और वामपंथियों के बीच टूट का अर्थ यह निकला कि उनके संघर्ष में वर्ग और जाति के सामंजस्य का नितान्त अभाव था। यहाँ तक कि एक समान आधार तलाशने की चेष्टा भी नहीं की गयी थी। पेरियार स्वयं भी एक विचारशास्त्री नहीं थे और आर्थिक मुद्दों में चलताऊ दिलचस्पी ही लेते थे। समाजवादी कैडरों के समर्थन से वंचित, वे हिन्दी थोपने के विरुद्ध लगातार अभियान चलाने लगे और द्रविड़/तमिल राष्ट्रवाद के मुद्दे पर ज़ोर देने लगे। पाकिस्तान की माँग के जोर पकड़ने पर इस आन्दोलन को भी नयी शक्ति मिली और 1939 में पृथक् तथा स्वतन्त्र द्रविड़िस्तान के समर्थन में हुए द्रविड़नाडु सम्मेलन में पाकिस्तान की तर्ज पर एक देश की माँग रखी गयी।[7]'

क्षेत्रीय राष्ट्रवाद भारत के कई भागों में सिर उभार रहा था। पाकिस्तान की माँग आरम्भ में ही केवल धार्मिक आधार पर नहीं बल्कि धार्मिक सह भौगोलिक आधार पर थी। इसका सम्बन्ध उत्तर-पश्चिमी भारत से जोड़ा जा रहा था, जैसा कि एकदम शुरू में उठाए गये नारे 'पाकिस्तान, हिन्दुस्तान और बंगाल' से पता चलता है। 1938-39 में प्रस्तावित पाकिस्तान में, हैदराबाद को शामिल करके चार स्वतन्त्र राज्यों की परिकल्पना की गयी थी। 1940 के दशक तक जिन्ना द्रविड़िस्तान

को चौथे क्षेत्र के रूप में शामिल करने को इच्छुक थे।[8] 1938-39 के इस प्रस्ताव पर हैदराबाद में निज़ाम द्वारा पोषित पहचान के आधार के रूप में एक संश्लिष्ट हिन्दू-मुस्लिम 'दक्कनी' संस्कृति के प्रोत्साहन हेतु चलाए गये ज़बर्दस्त अभियान का प्रभाव स्पष्ट था। इससे कुछ दलित नेता इस ओर खिंचे पर अन्ततः एक सामन्तवादी शासन से अपने सम्बन्ध के कारण यह अभियान संकट में पड़ गया और न तो हिन्दू और न मुस्लिम रूढ़िवाद का प्रहार ही झेल पाया।

इसी प्रकार सिक्ख/पंजाबी पहचान भी क्षेत्रीय तथा धार्मिक रूपों में अभिव्यक्त हो रही थी, जिसमें ब्राह्मणों और बनियों के प्रति ग़ैर-ब्राह्मणों की तरह विरोध भावना थी। कश्मीर में मुस्लिम अपनी पहचान केवल धार्मिक ही नहीं बल्कि क्षेत्रीय/नस्ली आधार पर कश्मीरियत के नाम से स्थापित करने की सोच रहे थे। सुदूर उत्तर-पूर्व में भी अशिक्षित असमवासी हिन्दू धर्म (वैष्णव धर्म) के साथ सम्बन्ध जोड़ते हुए बांग्ला-विरोधी पहचान पर ज़ोर दिया गया, जबकि उस मैदानी क्षेत्र की जनजातियों ने असमिया उच्च जातीय पहचान का विरोध करते हुए एक विशिष्ट उत्तर-पूर्वी पहचान पर ज़ोर दिया। इस पहचान में असम के उच्च जाति के हिन्दू तथा मुस्लिमों की आर्य पहचान की बजाय मंगोल होने का भाव प्रभावी था। 1945 में अखिल असम जनजाति एवं जातीय संघ के पहले सम्मेलन में एकमत से प्रस्ताव किया गया कि–

> "ऐतिहासिक रूप से असम खास और इसके पहाड़ी क्षेत्र भारत का अंग या राज्य कभी नहीं रहे। और इन क्षेत्रों के वासी भी जातीय तथा सांस्कृतिक दृष्टि से भारत के शेष भाग के वासियों से भिन्न हैं। इन तथ्यों को ध्यान में रखते हुए यह सम्मेलन असम खास और इसके पहाड़ी क्षेत्रों के भारत, पाकिस्तान या हिन्दुस्तान के प्रस्तावित विभाजन में शामिल किये जाने का यह सम्मेलन ज़ोरदार विरोध करता है। यह सम्मेलन माँग करता है कि इस क्षेत्र को एक पृथक् स्वतन्त्र राज्य बनाया जाये, जिसमें असम की सीमा पर अवस्थित पहाड़ी जिलों को भी सम्मिलित किया जाये।"[9]

इस प्रकार 1940 के दशक में 'उपराष्ट्रीय' पहचान भारत की राजनीति में एक अन्तःप्रवाह के रूप में व्याप्त थी। यह ध्यान देने योग्य बात है कि वे सभी पहचानें अलगाववादी राष्ट्रवाद से प्रेरित थीं। उनकी माँग ढीले-ढाले संघीय तन्त्र के साथ स्वायत्तता की थी। उदाहरण के लिए पंजाब की यूनियनिस्ट पार्टी के नेता सिकंदर हयात खान ने पाकिस्तान को मुस्लिम राज के पर्याय के रूप में स्वीकारने से इनकार कर दिया। उनकी सलाह थी कि इसके स्थान पर एक तीन श्रेणीय

ढाँचा हो, जिसमें स्वायत्त राज्य क्षेत्रों में बँटे हों तथा केन्द्र का केवल रक्षा, विदेशी मामले, मुद्रा तथा सीमा शुल्क पर नियन्त्रण हो।[10] इसी प्रकार की स्वायत्तता की माँग नेशनल कॉन्फ्रेंस के शेख़ अब्दुल्ला ने कश्मीर को भारत से जोड़ने के समय रखी थी। पंजाब तथा कश्मीर दोनों में स्वतन्त्रता प्राप्ति के बाद कुछ-कुछ अन्तराल पर आन्दोलन चलाकर इन्हें स्वतन्त्र राज्यों के रूप में मनवाने की योजना थी।

इसी बीच पेरियार ने भारत के भविष्य पर ध्यान केन्द्रित करने का निश्चय किया और एक राजनीतिक संगठन खड़ा करने में कामयाब रहे, जो कि आगे चलकर तमिलनाडु की बड़ी पार्टी बनी। सन् 1944 में उन्होंने जस्टिस पार्टी को पुनर्जीवित किया और इसका नाम द्रविड़ कज़गम (डीके) रखा। इसका लक्ष्य एक सार्वभौम, स्वतन्त्र द्रविड़ गणराज्य की स्थापना करना था। एक लाल वृत्त के साथ काले रंग का इसका झण्डा था। इस पार्टी द्वारा स्वतन्त्रता दिवस को शोक दिवस घोषित कर दिया गया क्योंकि यह दक्षिणवासियों की गुलामी के समान था।"[11] कई लड़ियों को एक सूत्र में पिरोकर तमिल राष्ट्रवाद को द्रविड़ कज़गम ने केन्द्रीय महत्त्व का बना दिया–

हमें चाहिए अपना देश
तमिलनाडु नाम से
अखिल भारतीय संघ सरकार का अर्थ है
हिन्दू धर्म की रक्षक सरकार
हमें छोड़नी होगी हिन्दू दिल्ली।[12]

इस प्रकार तमिल राष्ट्रवाद, जिसके साथ जाति-विरोधी आन्दोलन भी जुड़ा था, दक्षिण में एक शक्ति बनकर उभरा। हालाँकि यह अपनी एक भी बड़ी माँग पूरी नहीं करवा पाया। स्वतन्त्रता प्राप्ति के बाद की कांग्रेस सरकार द्रविड़ संगठनों के क्रान्तिकारी तेवर को कुंद करने में कामयाब रही। 'द्रविड़ कज़गम' से 'द्रविड़ मुन्नेत्र कज़गम' का जन्म हुआ, जिसने अलगाववादी माँगें छोड़ दीं। उसके बाद एक और पार्टी ने जन्म लिया–'ऑल इण्डिया द्रविड़ मुन्नेत्र कज़गम या एआईएडीएमके', जिसने अपने सुपर स्टार नेता के करिश्माई व्यक्तित्व के सहारे राष्ट्रीय स्तर की पहचान बनाई। फिर उसने कांग्रेस के साथ गठजोड़ किया और अन्ततः मृत सुपर स्टार की साथी को पार्टी के तुनकमिज़ाज अधिनायकीय नेता के रूप में उभारा। द्रविड़ आन्दोलन की मुख्य समस्या थी दलितों का समर्थन प्राप्त करने में कठिनाई, जिसे फुले ने अपनी राजनीति का केन्द्र बिन्दु बना रखा था। तमिलनाडु में क्रान्तिकारी आम्बेडकर नहीं, बल्कि हिन्दू महासभाई एमसी राजा सबसे प्रसिद्ध दलित नेता थे। द्रविड़ आन्दोलन से एमसी. राजा के कटने का

नतीजा यह हुआ कि दलित इस आन्दोलन से दूर चले गये। इस प्रकार दक्षिण में एक शक्तिशाली ग़ैर-ब्राह्मण आन्दोलन चला और हिन्दू धर्म का प्रबल विरोध हुआ। परन्तु अन्य किसी भी क्षेत्र की तुलना में इस आन्दोलन को यहाँ कम्युनिस्टों और द्रविड़ों के बीच तथा दलितों और ग़ैर-ब्राह्मणों के बीच फूट का सामना करना पड़ा।

इस तरह औपनिवेशिक काल में क्षेत्रीय एवं उपराष्ट्रीय (भाषाई राष्ट्रीय) पहचान की धाराएँ महत्त्वपूर्ण थीं। एक ग़ैर-हिन्दू धार्मिक पहचान के प्रति उनका दावा जटिल रूप से प्रतिस्पर्द्धात्मक था किन्तु ब्राह्मण, बनिया वाली केन्द्रीय सरकार के प्रति विरोधात्मक ढाँचे में लगभग हमेशा ही साझेदार थीं। इन आन्दोलनों का तार्किक निष्कर्ष अनिवार्य रूप में स्वतन्त्र राष्ट्र-राज्य स्थापित करना नहीं था। आज़ादी की माँग अक्सर की गयी किन्तु मुख्य ज़ोर भारतीय संघ, जिस रूप में वह आज़ादी के बाद सामने आया—की बजाय एक विकेन्द्रित संघीय ढाँचे की स्थापना पर था—जिसमें विभिन्न क्षेत्रों/राज्यों को अधिक स्वायत्तता प्राप्त हो। कांग्रेस की विजय अन्ततः हिन्दू पहचान की विजय के साथ-साथ, दिल्ली से शासित केन्द्रीकृत राष्ट्र की इस भारतीय उपमहाद्वीप में स्थापना के प्रयास की विजय ही थी।

ब्राह्मण समाजवाद एवं हिन्दू विकास-दर

ब्रिटिश औपनिवेशिक काल में ब्राह्मण भारतीय अभिजात वर्ग ने हिन्दू धर्म को संशोधित कर 'भारतीय पहचान' और 'भारतीय इतिहास' की इस तरह पुनर्व्याख्या की जिससे निम्नजातियों, स्त्रियों, आदिवासियों तथा अन्य को 'राष्ट्रीय समाज' में खींचा जा सके। कहा गया कि इस राष्ट्रीय समाज की आत्मा वैदिक-आर्य-ब्राह्मणवादी परम्परा है। चाहे तिलक और उनके द्वारा प्रवर्तित गणपति त्यौहार को देखें, विवेकानन्द और उनके रामकृष्ण मिशन को देखें या फिर दयानन्द और उनके आर्यसमाज को, उक्त परम्परा की आत्मा या मूल को परिभाषित करने के लिए, उनके द्वारा उच्च जातीय प्रतीकों का वृहत इस्तेमाल किया गया। हिन्दुत्व सिद्धान्तवादियों द्वारा यह मत देना शुरू कर देने के बाद भी कि आर्य वस्तुतः इसी उपमहाद्वीप के मूलवासी हैं, उन्होंने आर्यों के प्रमुख समूह होने की अवधारणा को बनाए रखा, जबकि उग्र हिन्दू राष्ट्रवादियों ने (आर. एस. एस. और हिन्दू महासभा के) हिन्दू धर्म को भारतीय राज्य का केन्द्र बनाकर आर्य हिन्दुओं के ही भारत के मूलवासी होने की धारणा को कुछ और प्रबल मुस्लिम विरोधी रंग दिया। इनके द्वारा प्रस्तुत भारत के इतिहास के स्वरूप में तथा घोषित धर्मनिरपेक्षतावादी नेहरू, यहाँ तक कि डांगे आदि के द्वारा प्रस्तुत ऐतिहासिक अवधारणा में क्षोभपूर्ण समानताएँ थीं।

गाँधी ने 'राम राज्य' की सी भावुकतापूर्ण हिन्दू शब्दावली का प्रयोग जारी रखते हुए तथा इस परम्परा से ही अपनी पहचान पूरी तरह जोड़ते हुए भी सत्य तथा अहिंसा को हिन्दू धर्म का सारतत्व बताया और इसकी एक महत्त्वपूर्ण पुनर्व्याख्या प्रस्तुत की। 'ग्राम स्वराज' तथा एक विकेन्द्रीकृत ग्राम आधारित अर्थव्यवस्था की अवधारणा पेश कर गांधी ने विकास के एक अलग रास्ते का आधार सामने रखा, किन्तु रामराज्य की अवधारणा तथा हिन्दू वेदान्तवादी

तकनीक-विरोधी तथा आत्मसंयम आदि के काम-विरोधी विचारों से गाँधी ने खुद को इतना जोड़ लिया कि उन्होंने आम्बेडकर के से लोगों के बीच अपना मान खो दिया जो कि तत्कालीन औपनिवेशक शासन प्रदत्त निर्धनता से भारतीयों को निकालने तथा विवेकशीलता को लेकर अधिक चिन्तित थे।

अन्ततः गांधी हिन्दू राष्ट्रवादियों की उग्रता की भेंट चढ़ गये क्योंकि वे गांधी को देश विभाजन के लिए ज़िम्मेवार समझते थे। इस पर यह विडम्बनापूर्ण ही कहा जायेगा कि समकालीन संशोधनकारी इतिहासविद् इस बात पर ज़ोर दे रहे हैं कि कांग्रेस नेतृत्व ने विभाजन का चुनाव इसलिए किया कि अखण्ड भारत का अर्थ निश्चित रूप से एक विकेन्द्रित, संघीय देश की स्थापना होता जिसमें मुस्लिम बहुसंख्या वाले क्षेत्रों में उन्हें ढेर सारी छूट तथा सुविधाएँ देनी होतीं और केन्द्रीकृत राज्य के ढाँचे का उनका स्वप्न भारत को बाँटकर ही पूरा हो सकता था।

भारतीय समाज और इतिहास की हिन्दू बहुसंख्यक छवि प्रस्तुत करने वाली व्याख्या का खण्डन करने वाली शक्तियाँ पूरे औपनिवेशिक काल में मौजूद थीं। इससे मुस्लिम समस्या से उन शक्तियों के जुड़ाव के लम्बे इतिहास का पता चलता है। जोतिबा फुले की कृति में यह स्पष्ट रूप से झलकता है। लेकिन ये शक्तियाँ विभाजित थीं और इसलिए वे गौण बनी रहीं। कम्युनिस्ट, जो कि बुर्जुआ कांग्रेस के प्रमुख विरोधी होने का दावा करते थे, भी आम लोगों के संगठन के स्तर पर कोई गम्भीर चुनौती प्रस्तुत करने में अक्षम ही रहे, हालाँकि मजदूर वर्गों में उनकी बड़ी पैठ थी और कई जगह तेलंगाना विद्रोह जैसा प्रचण्ड आन्दोलन उनके नेतृत्व में ही चला था। इससे भी बुरी बात यह थी कि इतिहास की हिन्दुत्ववादी व्याख्या की काट करने की उन्होंने कभी कोशिश ही नहीं की। सर्वप्रसिद्ध कम्युनिस्ट प्रयास के रूप में इतिहास को विश्लेषित करने वाली डांगे की पुस्तक, 'इण्डिया : फ्रॉम प्रिमिटिव कम्यूनिज़्म टू स्लेवरी' को ही देखें। उसकी शुरुआत भी आर्यों से होती है। महाराष्ट्र में ग़ैर-ब्राह्मण सत्यशोधक आन्दोलन तो 1920 में ही क्षीण पड़ चुका था। तमिलनाडु में द्रविड़ आन्दोलन अपेक्षतया अधिक समय तक चला पर वह वाम तथा दलित प्रवृत्तियों से और भी अधिक दूर हो गया था। प्रारम्भिक नारीवादियों के क्रान्तिकारी स्वर को स्वतन्त्रता-पूर्व समझौतावादी तथा उच्चवर्गीय औरतों के आन्दोलन द्वारा दबा दिया गया था। सीमा क्षेत्रों पर स्थित प्रदेश, जैसे उत्तर-पूर्व, भी कटे हुए ही रहे और राष्ट्र स्तर पर होने वाली घटनाओं पर उनका कोई प्रभाव नहीं पड़ा। इस सन्दर्भ में दलित आन्दोलन ने दूसरे दशक से ही अभिजातवर्गीय प्रभुत्व को सांस्कृतिक तथा आर्थिक चुनौती देने की कोशिश की लेकिन आम्बेडकर तथा उनके से अन्य कई नेताओं के प्रयास को अपने बूते पर ही सफलता मिलने की कोई उम्मीद नहीं थी,

जब तक शूद्र तथा अतिशूद्रों में एकता स्थापित नहीं कर ली जाती। ऐसा विचार फुले ने प्रस्तुत किया था और आम्बेडकर भी इसके आकांक्षी थे।

आख़िरकार जीत कांग्रेस की ही हुई। वामपंथियों द्वारा कांग्रेस को कुछ बुर्जुआ वर्गों के प्रतिनिधि (राष्ट्रीय, एकाधिकारप्राप्त, तथा विदेशी शक्तियों के एजेंट) या फिर 'बुर्जुआ ज़मींदार-शक्ति' बताने भर से पूरा यथार्थ सामने नहीं आता। इसके विपरीत आम्बेडकर द्वारा प्रयुक्त 'बुर्जुआ बाह्मण' या फिर 'बुर्जुआ (बनिया) ब्राह्मण नौकरशाही' ज़्यादा सही और सटीक मालूम होते हैं। गांधी की हत्या, जिसने संघर्ष के एक युग का अन्त कर दिया, के बाद सौम्य तथा परिष्कृत नेहरू स्वाभाविक रूप से ही पार्टी के नेता बने। द्वितीय पंचवर्षीय योजना में 'विकास का समाजवादी ढाँचा' चुना गया, जिसमें भारी उद्योगों तथा पब्लिक सेक्टर पर ज़्यादा ज़ोर दिया गया। यह नियन्त्रित विकास की तरफ ज़बर्दस्त झुकाव तथा 'विकासवादी अर्थशास्त्रियों' द्वारा इस मुद्दे पर एकमत होने का प्रभाव ही था। शुरू से ही 'नेहरू मॉडल' में विशिष्ट हिन्दू चरित्र उजागर था, जैसा कि नेहरू ने स्वयं ही पूँजीवाद पर समाजवाद को तरजीह दिये जाने के बारे में कहा था–

> ''प्राचीन संस्कृति कई प्रचण्ड तूफान और आँधी झेलकर बने रहने में सफल रही। हालाँकि इसका बाह्य स्वरूप बच गया लेकिन इसका वास्तविक चरित्र समाप्त हो गया। आज यह संस्कृति हताशा के साथ चुपचाप एक नये तथा सर्वशक्तिमान शत्रु–पूँजीवादी पश्चिम की बनिया सभ्यता के साथ संघर्षरत है। इस नये शत्रु के समक्ष इसे परास्त होना ही पड़ेगा क्योंकि पश्चिम से विज्ञान आयेगा और विज्ञान ही करोड़ों भूखे लोगों के लिए खाना लायेगा। इस गलाकाट पश्चिमी सभ्यता की बुराइयों का प्रतिविष भी इसी पश्चिम के पास ही है–सहयोग के लिए समाजवाद तथा जनकल्याण के लिए समाज सेवा के सिद्धान्त। सेवा के ये सिद्धान्त प्राचीन ब्राह्मण आदर्शों से भिन्न नहीं है। मगर इसका अर्थ है सभी वर्गों और समुदायों का ब्राह्मणीकरण (धार्मिक अर्थों में नहीं) और वर्ग-भेद की समाप्ति। सम्भव है कि भारत जब अपना नया चोला पहने, जो कि तय है क्योंकि पुराना चोला फटकर चीथड़ा हो चुका है, तो उसे इस स्वरूप को ही अपनाना पड़ेगा ताकि वर्तमान दशा तथा उसके पुराने विचारों के अनुरूप ही उसका स्वरूप तय हो सके।''[2]

कांग्रेसी समाजवाद की, वामपंथी यह कहकर आलोचना करते रहे हैं कि यह पूँजीवादी सुधारवाद है क्योंकि मज़दूर वर्ग द्वारा नेतृत्व की इसमें कोई सम्भावना नहीं है। यह अपर्याप्त आलोचना है। कांग्रेसी समाजवाद कहीं अधिक बुरा था।

'सेवा' और 'सहयोग' की आदर्शवादी शब्दावलियों में लिपटा यह समाजवाद दरअसल ब्राह्मणवाद ही था। लेकिन इन शब्दावलियों का निहितार्थ स्पष्टतः प्रबन्धन से था। समाजवाद 'योजना और निजी सेक्टर, सरकारी तन्त्र के साथ' के अर्थ में स्थापित किया गया। इसका अर्थ एकदम अलग शूद्रों का (मज़दूर वर्ग) शासन भी हो सकता है, यह बात कभी नेहरू के मन में आयी हो ऐसा नहीं लगता। गांधी के ट्रस्टीशिप के सिद्धान्त के प्रति, जो उनकी अकेली आपत्ति थी वह यह थी कि ट्रस्टीशिप निजी पूँजीपतियों (घृणित बनियों) की ही होगी। ब्राह्मण ट्रस्टीशिप के कब्ज़े वाले पब्लिक सेक्टर की बात ही दूसरी थी।

गांधी ने भारी उद्योगों द्वारा विकास का विरोध, यह कहकर किया था, कि—"मानचेस्टर का कपड़ा इस्तेमाल कर हम सिर्फ अपना पैसा बर्बाद करते हैं लेकिन भारत में मानचेस्टर निर्माण कर हम अपना पैसा अपने ख़ून की क़ीमत पर ही बचाएँगे क्योंकि वह हमारा नैतिक वजूद ही सोख लेगा।"[3] भारत का नया अभिजात शासक, भारत में सरकारी स्वामित्व के तहत मानचेस्टर बनाने में ही जुट गया। न तो गांधी स्वयं और न कोई ख्यात गांधीवादी अर्थशास्त्री, विकेन्द्रीकृत विकास के अपने सिद्धान्त का तर्क-सम्मत आधार प्रस्तुत कर पाया। गांधीवाद नैतिकता के स्तर पर ही बना रहा और खादी तथा ग्रामोद्योग को प्रोत्साहित करने का प्रयास सरकारी संरक्षण में ही चलाया गया। इनका वास्तविक स्वावलम्बन से कोई वास्ता न था। औद्योगीकरण के लक्ष्य को तीसरी दुनिया के किसी देश ने रद्द नहीं किया। भारत की स्वतन्त्रता के समय के विकासवादी सिद्धान्तों पर प्रचण्ड सहमति होने से 'नेहरू महालनोबीस' क़िस्म की योजना बनी, जिसमें साधारणतया सरकारी क्षेत्र पर जोर अनिवार्य-सा था। लेकिन सही रास्ता नहीं अपनाने की क़ीमत मज़दूर लोगों के एक बड़े भाग को चुकानी पड़ी, जिनकी ग़रीबी सदा की तरह कष्टकर बनी रही।

विकास के नेहरूवादी मॉडल के ब्राह्मणवादी समाजवाद ने एक शक्तिशाली अधिरचना का निर्माण किया, जिसकी प्रमुख विशेषताएँ थीं—भारी उद्योग का आधार, वैज्ञानिक तथा तकनीकी संगठन, एक विस्तृत/व्यापक विश्वविद्यालयी प्रणाली, एक चकाचौंध भरा सांस्कृतिक दृश्य। इसकी विकास दर, जिसे अर्थशास्त्री राजकृष्ण द्वारा 'हिन्दू विकास-दर' कहा जाना उचित ही है, 3.5 प्रतिशत थी, जो आर्थिक विकास के पूर्व इतिहास के मद्देनज़र ठीक ही थी पर यह आज़ादी के बाद प्रारम्भिक तीन दशकों में मुश्किल से ही 1.5 प्रतिशत प्रति व्यक्ति प्रतिवर्ष रही। आठवें दशक में इसमें तनिक सुधार हुआ, जिससे 1965-90 के काल में इसका आँकड़ा 1.9 प्रति व्यक्ति पहुँच गया। फिर भी यह अन्य निम्न आय वाले देशों

की 2.9 प्रतिशत की विकास-दर और चीन की उसी काल की 5.9 प्रतिशत की विकास दर से कहीं अधिक नीचे गिरा हुआ था। जैसा कि साउथ कमीशन ने कहा है–

> ''विकास इतना अधिक नहीं था कि उसका लाभ आम जनों तक पहुँच सके। भारत में युद्ध के पश्चात् के प्रथम तीन दशकों में विकास, विकासशील देशों के औसत विकास से भी कम था। भारत में प्रति व्यक्ति आय में वृद्धि की लगभग 1.5 प्रतिशत वार्षिक दर इतनी कम थी कि इससे गरीबजनों के जीवन स्तर में कोई सुधार नहीं हो सकता था।''[4]

पूँजी आधारित उपायों द्वारा आयात प्रतिस्थापन पर जोर दिये जाने के कारण औद्योगिक रोज़गार काफी कम सृजित किये जा सके, फलतः कृषि को ही अधिकांश बोझ बर्दाश्त करना पड़ा। ब्रिटिश शासन के अन्त के समय प्राथमिक क्षेत्र मुख्यतः कृषि था, जिसने जनसंख्या के अनुमानित 75 प्रतिशत लोगों को रोज़गार मुहैया करवा रखा था, जो राष्ट्रीय आय का 54 प्रतिशत उत्पादित करती थी।[5] 1991 में भी कार्यशक्ति का 67 प्रतिशत इसी क्षेत्र में लगा था पर सकल घरेलू उत्पाद में इसका हिस्सा गिरकर 31 प्रतिशत हो गया था, जिसका अर्थ वास्तविक रूप से यह था कि कृषि में लगी जनसंख्या का वृहत भाग कुल आय का बहुत थोड़ा हिस्सा पा रहा था।[6] इस ग़रीब प्राथमिक क्षेत्र ने अपने अतिरिक्त श्रम को हटा दिया, जिनमें से अधिकांश कारख़ानों में सुरक्षित नौकरी पाने में नाकाम रहे। आख़िरकार ग़रीब महानगरों में तथा छोटे शहरों का विशाल 'असंगठित क्षेत्र' बनकर स्लम (झोपड़-पट्टी) में रहने लगा।

मानव कल्याण की दृष्टि से देखें, तो इसका अर्थ यह निकला कि उद्योग तथा कृषि के विकास-द्वीप बहुसंख्यक जनता के कल्याण तथा लाभ में परिणत नहीं हो पाये। 1990 तक औसत आयु बढ़कर स्त्रियों की 58 और पुरुषों की 60 तक हो गयी। यही 1965 में क्रमशः 44 और 46 थी। औपनिवेशिक काल की भयावह स्थिति का जायज़ा लेने पर पता चलता है कि 1941 तक जीवन-प्रत्याशा 30 वर्ष तक भी नहीं पहुँच पायी थी। इस हिसाब से 1990 को बड़ा सुधार कहा जा सकता है। किन्तु यह जीवन-प्रत्याशा एक कुण्ठित विकास वाली थी क्योंकि लोग प्रतिदिन औसतन 2229 कैलोरी भोजन पर ही गुज़ारा कर रहे थे।[8] भारत ही एक अकेला बड़ा देश है, जहाँ स्त्रियाँ पुरुषों की अपेक्षा छोटा जीवन जीती हैं। 1980 तथा 1990 के बीच, जैसा कि भूख पर किये गये एक अन्तर्राष्ट्रीय सर्वेक्षण से पता चलता है कि चार साल से कम उम्र के 41 प्रतिशत बच्चे औसत वज़न से काफ़ी

कम भार के थे। आठवें दशक में भी 20 प्रतिशत जनसंख्या को स्वास्थ्य सुविधाएँ उपलब्ध नहीं थीं। शहरी जनसंख्या के 24 प्रतिशत और ग्रामीण जनसंख्या के 50 प्रतिशत को साफ़ जल उपलब्ध नहीं था तथा 28 प्रतिशत नगरीय तथा 40 प्रतिशत ग्रामीण जनसंख्या को पूर्ण निर्धनता-स्तर (absolute poverty level) से नीचे पाया गया। विश्व बैंक के आँकड़े देखें तो मोटे तौर पर 420 मिलियन लोग ग़रीब तथा 250 मिलियन अत्यधिक निर्धन थे। ग़रीबों में 77 प्रतिशत ग्रामीण क्षेत्र के थे।[9] बैंक के अनुसार यह 1972 की स्थिति में गिरावट का द्योतक था। आँकड़े भारत को संसार का सबसे बड़ा एक ऐसा ग़रीब देश सिद्ध कर रहे थे, जिसमें विश्व के एक-तिहाई निर्धन लोग रहते हैं।

यह विकास भारत के स्वतन्त्रता सेनानियों, जिन्होंने देश की आजादी के साथ-साथ ख़ुशहाली और समानता के आदर्श के लिए भी संघर्ष किया था तथा दलित और ग़ैर-ब्राह्मण आलोचकों, जिन्होंने समानता पर सबसे अधिक ज़ोर दिया था, के सपनों से कोसों दूर था। आज नयी आर्थिक नीतियाँ, अपने घोषित उद्‌देश्यों को प्राप्त करने में चाहे सफल हों या नहीं, चाहे विषमतामूलक पूँजीवाद या अपेक्षाकृत अधिक निर्वाहयोग्य विकास ही देश में चले, उदारवादी आर्थिक नीतियों के लिए दबाव—साम्राज्यवादी संस्थाओं द्वारा लगाए जा रहे प्रभाव के कारण नहीं वरन् नेहरूवादी मॉडल के राज्यपोषित अर्थतन्त्र की असफलताओं के कारण पड़ रहा है।

यह विकास कितना अवरुद्ध, भारी-भरकम नौकरशाही से त्रस्त और जातिजनित दरिद्रता से ग्रस्त था, जिसमें (बाद में प्रकाशित मण्डल कमीशन की रिपोर्ट के अनुसार) निजी क्षेत्र में ब्राह्मणों का वर्चस्व बना हुआ था। क्योंकि 15 प्रतिशत उच्च जाति के लोग लगभग 90 प्रतिशत प्रथम श्रेणी की नौकरियों तथा अन्य श्रेणियों की नौकरियों के 70 प्रतिशत पर अधिकार जमाए बैठे थे। ध्यान देने की बात यह है कि भारत के विकास की दिशा के विशेष स्वभाव के विश्लेषण को जाति प्रणाली की समीक्षा से (जो कि इसके सामाजिक ढाँचे का एक मुख्य भाग रहा है) जोड़कर देखने का प्रयास नहीं के बराबर किया गया है।

एक उदारवादी अर्थशास्त्री दीपक लाल ने इस दिशा में हाल में ही कोशिश की है। वे अपनी पुस्तक 'हिन्दू इक्विलिब्रियम'(Hindu Equilibrium) में कहते हैं कि जाति-प्रथा श्रम संगठन के एक रूप का प्रतिनिधित्व करती है। इस प्रणाली से पूँजीवाद पूर्व सिद्धान्तों के द्वारा एक रुद्ध लेकिन अपेक्षाकृत उच्च जीवन-स्तर अस्तित्व में आया, जिसका आधार 'लूट-खसोट करने वाले राज्य' या 'राजस्व उगाही करने वाले' ऐसे राज्य से था, जो कृषि-उपज के आधिक्य पर निर्भर करता

था। दीपक लाल के अनुसार ब्रिटिश सरकार की सर्वाधिक दमनकारी विशेषता विकास के अवरुद्ध करने में नहीं थी। उसकी वास्तविक असफलता तो इस हिन्दू इक्विलिब्रियम या साम्य को न भेद पाने की थी। स्वतन्त्रता प्राप्ति पर यह पुरातन नौकरशाही उत्तराधिकार में मुख्य रूप से ब्राह्मण अभिजात वर्ग को प्राप्त हुई, जिससे जातिवादी राजस्व अर्थव्यवस्था को फेबियन समाजवाद के आधुनिक सिद्धान्त की आड़ में, एक नया जीवन मिल गया। दीपक लाल इस प्रकार ब्राह्मणवाद, जाति-प्रथा, बाज़ार अर्थव्यवस्था के प्रति विरोध और नौकरशाही द्वारा नियन्त्रित ऐसी अर्थव्यवस्था के चुनाव, जिसकी विकासदर कृषि तथा उद्योग दोनों में मन्द हो, के आपसी सम्बन्ध की व्याख्या करते हैं। एक अर्थ में (यदि हम मार्क्सवादी शब्दावली का प्रयोग करें) दीपक लाल की दृष्टि, जिसमें औपनिवेशिक काल का मुख्य अन्तर्विरोध जातिवादी सामन्तशाही को बताया गया है न कि साम्राज्यवाद को, कई कोण से फुले, पेरियार तथा आम्बेडकर द्वारा प्रस्तुत राजनीतिक विचारों से ही मेल खाते हैं।

उतनी ही उल्लेखनीय है 'इकोनॉमिक एण्ड पॉलिटिकल वीकली' में प्रकाशित वी.पी.आर. विट्ठल का 'हिन्दू रूढ़िवाद की जड़ें' शीर्षक का लेख। इसमें लेखक का तर्क है कि हिन्दू परम्पराओं का निर्वाह विकास की शून्य से लेकर 3 प्रतिशत की दर के आधार पर ही सम्भव है। यदि हम तेज़ वृद्धि दर की मिसाइल पर सवार होकर यह वर्तमान ढाँचे को तोड़ने में कामयाब हो जाते हैं, तो ऐसी आधारहीनता की स्थिति उत्पन्न हो जायेगी, जो हमारे जैसे बड़े देश के लिए ख़तरनाक हो सकती है।[11] एम. शिवैया ने दलित दृष्टिकोण से प्रतिक्रिया व्यक्त करते हुए कहा है कि श्री विट्ठल का तर्क एक प्रकार से बीजेपी के साथ गठजोड़ स्थापित करने का औचित्य बताने के लिए दिया गया है और विट्ठल, जो कि एक आईएएस उच्च अधिकारी हैं, नौकरशाही में व्यापक वर्तमान प्रवृत्ति का प्रतिनिधित्व करते हैं।[12]

ब्राह्मणवाद और नौकरशाह के बीच सम्बन्ध के साथ-साथ हम यह तर्क दे सकते हैं कि एक आदर्श अमूर्त बौद्धिकतावाद (ऐसा समाजवाद, जिसके अनुसार 'ग़रीबी हटाओ' का नारा मात्र ही ग़रीबी हटाने के बराबर है या फिर क़ानून तथा योजनाएँ जारी कर देना भर ही पर्याप्त है या किसी समस्या का मात्र सैद्धान्तिक निदान प्रस्तुत कर देना इसे व्यावहारिक रूप से हल कर देने के बराबर है) की ओर सामान्य झुकाव ब्राह्मणवाद की विशेषता कहा जा सकता है। ये सभी अंत्यन्त विवादास्पद विषय हैं लेकिन उनसे यह संकेत तो मिलता ही है कि राजनीति तथा प्रशासन के उच्च पदों पर उच्च जातियों के एकाधिकार को तोड़ने के साथ-साथ—

अर्थव्यवस्था पर नौकरशाही तथा राजनीतिक व्यवस्था की पकड़ को तोड़ना (राज्य के सकारात्मक कल्याणकारी मूलभूत ढाँचे से सम्बन्धित मार्गदर्शक की भूमिका से इसे न जोड़ें) एक स्वस्थ आर्थिक-विकास प्राप्त करने हेतु एक आवश्यक शर्त है।

कारणों पर बहस में चाहे हम जो भी रुख़ अपनाएँ, आर्थिक निष्क्रियता, आम आदमी का हाशियाकरण, कृषि तथा पारम्परिक हस्तकला निर्माण से जुड़े अधिकांश लोगों की निर्धनता आदि की समस्याएँ, वास्तविक समस्याएँ हैं। वे केवल 1980 के दशक की समस्याएँ नहीं हैं। 1960 के दशक के मध्य तक, जबकि आजादी का पहला प्रवाह गुज़र चुका था विकास हेतु किये गये प्रयत्न उद्योग तथा कृषि दोनों मोर्चों पर गतिरोध के कारण एक संकट में परिणत होते जा रहे थे। खाद्य आयात और अमेरिकी दबाव के कारण यह स्पष्ट होता जा रहा था कि विकास का यह रास्ता आत्मनिर्भरता के घोषित उद्‌देश्य को भी नहीं पा सकेगा। मज़दूरों, किसानों तथा खेतिहर श्रमिकों में एक नयी लहर चली। 1967 में नक्सल-विद्रोह क्रान्ति के एक नये युग का संकेत देता सा मालूम पड़ा। 1970 के दशक की शुरुआत से ही महाराष्ट्र के उग्र दलित पैंथरों के नेतृत्व में भारतीय राजनीतिक पटल पर नये सामाजिक आन्दोलन उभरकर आये। शोषण की व्यवस्था को उनकी चुनौती भारतीय पहचान के हिन्दू वर्चस्व के प्रतीकों के समक्ष भी चुनौती बनकर उभरने लगी।

हिन्दू धर्म यानी सामन्ती पिछड़ापन : दलित पैंथर्स

"वर्तमान कांग्रेस शासन अनिवार्यतः पुरातन हिन्दू सामन्त व्यवस्था का ही रूप है, जिसने दलितों को हज़ारों साल से सत्ता, धन तथा सामाजिक प्रतिष्ठा से वंचित रखा है...समूचा राजतन्त्र सामन्ती हितों से निर्देशित होता है, जिन्होंने हज़ारों वर्षों तक धार्मिक प्रतिबन्धों के सहारे धन और सत्ता पर नियन्त्रण किया है और आज जो अधिकांश कृषि-योग्य भूमि, उद्योग, आर्थिक संसाधन और सत्ता के अन्य साधनों पर कब्ज़ा जमाए हुए हैं...

दलित कौन हैं? वे हैं अनुसूचित जाति तथा जनजाति के लोग, नवबौद्ध, मजदूर लोग, भूमिहीन और निर्धन खेतिहर, स्त्रियाँ और वे सभी, जिनका राजनीतिक, आर्थिक तथा धर्म के नाम पर शोषण किया जा रहा है।

हमारे मित्र कौन हैं? वे क्रान्तिकारी दल जिनका लक्ष्य जाति-प्रथा और वर्ग शासन को तोड़ना है। वामपंथी दल, जो सच्चे अर्थों में वामपंथी हैं। समाज के अन्य भाग, जो आर्थिक तथा राजनीतिक उत्पीड़न के शिकार हैं।

हमारे शत्रु कौन हैं? सत्ता, धन, कीमत, भूपति, पूँजीपति, महाजन और उनके चाटुकार नौकर, वे दल जो धर्म तथा जाति की राजनीति खेलते हैं तथा वे सरकारें, जो उन पर निर्भर करती हैं...

हमें ब्राह्मणों की गली में थोड़ी-सी जगह पाने की आकांक्षा नहीं है। हम समूचे देश पर शासन करना चाहते हैं। हमारी निगाह व्यक्तियों पर नहीं, वरन् व्यवस्था पर है। हृदय परिवर्तन व उदारवादी शिक्षा आदि से हमें शोषण से मुक्ति नहीं मिलेगी। "जब हम क्रान्तिकारी जनता को

संगठित कर लेंगे, लोगों को जगा लेंगे, तभी इस विशाल जनसमूह के संघर्ष की कोख से क्रान्ति की लहर उत्पन्न होगी।"[1]

उपरोक्त उद्धरण दलित पैंथर्स के घोषणा पत्र से लिया गया है। 1972 में जन्मे नौजवान कवियों और लेखकों की नयी पीढ़ी से नेतृत्व ग्रहण कर और गाँव और शहर में बढ़ते तनाव की पृष्ठभूमि में, जब गाँव में दलितों पर अत्याचार पाशविक तथा भयावह रूप में किये जा रहे थे—ऐसे समय में स्थापित दलित पैंथर्स एक ऐसी बिजली बनकर आया, जिसने पूरे देश में संगठन की कोशिशों की एक नयी लहर फैला दी। कर्नाटक में एक सांस्कृतिक मुद्दे पर विवाद के कारण, जब एक दलित मन्त्री को पारम्परिक कन्नड़ साहित्य को भूसा-चारा की उपमा देने पर अपने पद से त्यागपत्र देना पड़ा था—पूरे राज्य में दलितों ने नारा दिया, "ब्राह्मणों को गीता के साथ नालियों में फेंक दो।" अन्ततः दलित-संघर्ष समिति का निर्माण कर दलितों ने पूरे राज्य में इसकी शाखाएँ स्थापित करके ही दम लिया।

बिहार में पुनर्जीवित नक्सल आन्दोलन—दलितों के मध्य इ़ज़्ज़त के मुद्दे पर (जिसमें मुख्यतः भूपतियों के उत्पीड़न से दलित महिलाओं की सुरक्षा की बात थी) और खेत-मज़दूरी के प्रमुख मसलों पर फैल गया।

तमिलनाडु में आम्बेडकरवादी संगठन कई गाँवों में पनपने लगे।

दूसरे क्षेत्र इस सूत्र को थामने में ज़रा सुस्त रहे। गुजरात में 1980 में आरक्षण के विरुद्ध हुए उच्च जाति के व्यापक दंगे के बाद प्रतिवाद-स्वरूप दलित पैंथर्स की इकाई स्थापित हुई; आन्ध्र दलित महासभा 1984 में करमचेदू गाँव में दलितों के क्रूर नरसंहार के बाद अस्तित्व में आयी। विभिन्न क्षेत्रों में चाहे इसके रूप अलग-अलग हों, पूरे देश को एक नया आन्दोलन घेरे में ले रहा था। पारम्परिक प्रश्न—'क्या हरित क्रान्ति लाल क्रान्ति में बदलेगी' की जगह यह पूछा जाने लगा था कि—'क्या जाति-युद्ध, 'वर्ग-संघर्ष' का स्थान लेगा?'

कुछ लोग व्यक्तिगत स्तर पर भी वर्ग व जाति संघर्ष को एक नयी सैद्धान्तिक अभिव्यक्ति देने का प्रयास कर रहे थे। यह मुद्दा 'दलित वॉइस' के संस्थापक बंगलूर के वी. टी. राजशेखर ने उठाया और यद्यपि बहुत शीघ्र ही वे केवल जाति संघर्ष पर पूरी तरह ज़ोर देने लग गये तथापि उनकी स्पष्ट आक्रामक और अक्सर कटु पत्रकारिता ने पूरे देश और विदेश में बसे दलितों में से कई पाठक-मित्र दिये। महाराष्ट्र के जनजातीय क्षेत्र में मार्क्सवादी कम्युनिस्ट पार्टी के ज़िला संगठन कार्यकर्ता शरद पाटिल द्वारा संगठन की दिशा में मार्क्सवादी प्रयास किया गया। उन्होंने संस्कृत भाषा के अध्ययन के लिए अपने पार्टी के काम से छुट्टी ली ताकि भारतीय इतिहास की सैद्धान्तिक व्याख्या कर सकें। उन्होंने मार्क्स-फुले-आम्बेडकरवाद

का नया दृष्टिकोण विकसित किया और तब एक नयी पार्टी सत्यशोधक कम्युनिस्ट पार्टी बनाई। आन्ध्र में नक्सल धारा के कांचा इलैया पितृसत्ता और जाति की भूमिका पर सिद्धान्त निर्माण में लग गये। सिद्धान्त की परिणति राजनीतिक कार्रवाई में हुई। हालाँकि दलित पैंथर्स का जन्म स्वयं ही पारम्परिक आम्बेडकरवादी रिपब्लिकन पार्टी से घोर मोहभंग के कारण हुआ और 1974 में चुनाव बहिष्कार कर, जिससे मध्य बम्बई में मज़दूर वर्ग के रिहायशी क्षेत्र में कम्युनिस्ट उम्मीदवार को लाभ हुआ, वे सुर्खियों में आ गये। आन्दोलन के प्रवाह ने उन्हें चुनावी राजनीति के साथ-साथ क्रान्तिकारी राजनीति में भी झोंक दिया। सर्वप्रथम नयी पार्टियों में से एक की स्थापना एक पंजाबी दलित कांशीराम द्वारा हुई, जो महाराष्ट्र में अपने अनुभवों के कारण आम्बेडकरवादी बन गये। कांशीराम पैंथर्स और तत्कालीन अधिक भड़कीले दलित आन्दोलन से अलग रहे। उन्होंने दलित पिछड़ी जातियों तथा अल्पसंख्यक सरकारी कर्मचारियों को मिलाकर एक संगठन खड़ा किया। 1980 तक उन्होंने इसे बहुजन समाज पार्टी के रूप में विकसित कर दिया, जिसका आधार मुख्य रूप से उत्तर-पश्चिमी भारत में तैयार हुआ। इसने कांग्रेस के पारम्परिक वोट बैंक में भारी सेंध लगाई। एक दूसरी पार्टी लगभग उसी समय डॉ. आम्बेडकर के पोते प्रकाश आम्बेडकर द्वारा बनाई गयी। बौद्ध धर्म के पुनरुत्थान तथा इस्लाम में धर्मान्तरण की नई लहर, जिसको हिन्दुत्ववादी शक्तियों ने हिन्दू धर्म के खतरे के रूप में ख़ूब प्रचारित किया था, ने स्पष्ट रूप से सामाजिक जीवन के सभी पहलुओं को अपने में समेट लिया।

पैंथर्स ने ही इस राजनीतिक ख़मीर के निर्माण की शुरुआत की और उनका प्रयास दलित पहचान को सर्वहारा अनुभव के रूप में व्यापक रूप में फैला देने का रहा। इस प्रकार आम्बेडकर के समय के दलित आन्दोलनों से यह भिन्न रहा क्योंकि आम्बेडकरकालीन आन्दोलनों ने आर्थिक तथा सांस्कृतिक क्षेत्र, वर्ग तथा जाति को अलग माना था और कभी-कभी तो आर्थिक क्षेत्र की पूरी तरह ही उपेक्षा की थी। यह भारत में वामपंथियों के प्रथम नये उभार, जो कि नक्सल विद्रोह के रूप में हुआ था ग्रामोन्मुख तथा किसान क्रान्ति के माओवादी जोश से ओत-प्रोत था। जब नक्सलवादियों को भारतीय पूँजीवाद के गढ़ बम्बई में (कम से कम अस्थायी रूप से) कुचल दिया गया, तो आर्थिक शोषण तथा सांस्कृतिक उत्पीड़न ने—यदि ठोस सामाजिक-आर्थिक व्याख्या के रूप में नहीं—तो कम से कम बिम्बों के रूप में एक नये दलित विद्रोह की रूप-रेखा तैयार की।

दलित पैंथर्स के जन्म के लिए कई कारण उपलब्ध थे, जैसे कि 1960 के दशक से ही चल रहा आर्थिक संकट, आम्बेडकर द्वारा स्थापित पार्टी के भ्रष्टाचार-लिप्त

होने तथा अन्तर्लयन के इतिहास से मोहभंग, शिक्षा का प्रचार-प्रसार। इसके अलावा पूँजीवादी शहर के सूचना-केन्द्र होने का स्वभाव भी एक कारण था। यह सही है कि दलित आन्दोलन के कवि तथा कार्यकर्ता छोटे बुर्जुआ या मध्यवर्गीय थे पर ग़ौरतलब बात मध्यवर्ग का बदलता स्वभाव और इसकी तेज़ गति थी। आम्बेडकर के समय में आन्दोलन के प्राण के रूप में कार्यकर्ता बनने के लिए दलित शिक्षितों का बहुत छोटा-सा हिस्सा ही फैलकर बड़ा हो गया। इसमें ऊपरी स्तर से कुछ सरकारी अधिकारी और राजनीतिक नेता थे तो नीचे गाँव के लोग थे—जहाँ अधिकांश क्षेत्रों में सर्वाधिक सचेत दलित जातियों (महार, चमार आदि) के लड़कों की थोड़ी-बहुत पढ़ाई लगभग आम हो गयी थी और धीरे-धीरे लड़कियाँ भी इसमें शामिल हो रही थीं। भारतीय शिक्षा की जैसी व्यवस्था है, स्कूल की किताबों में हिन्दू विचार-दर्शन के उपलब्ध संशोधित रूप का उन पर प्रभाव तो पड़ा पर साथ ही साथ पढ़ने-लिखने की योग्यता आन्दोलन के लिए एक शक्तिशाली हथियार सिद्ध हुई।

अपनी सीमाओं के बावजूद शिक्षा तथा सामयिक सूचना-तन्त्र, दोनों ने समसामयिक तथा ऐतिहासिक घटनाओं को वास्तविक रंग में गरीबों के सामने प्रस्तुत किया। वियतनाम क्रान्ति, चीनी क्रान्ति, कालों का आन्दोलन तथा उनकी कविता, मार्क्सवाद, नारी-आन्दोलन, नववामपंथी, सब एक सांस्कृतिक खिचड़ी के अंग थे और यह पूरे संसार में व्याप्त थी। प्रारम्भिक दलित कवियों में महानतम तथा पैंथर्स के संस्थापक नामदेव धसाल ने अपने बिम्बों द्वारा बम्बई का, इसके रेडलाइट इलाकों से लेकर इसकी खिचड़ी संस्कृति तथा भाषा तक का वर्णन करते हुए, भारत के इतिहास से क्रान्ति के युग तक के समय के फैलाव को दर्शाया है। ग्रामीण आप्रवासियों, जिनकी अज्ञानता को 'माँ' के प्रतीक से अभिव्यक्त किया गया है के दुख मुसीबत के एक आदर्श औद्योगिक संसार में उपजी चेतना को उनकी कविताएँ स्वर देती हैं—

अठारहवीं शती में पूरी मानव जाति काया-पलट परिवर्तनों से होकर गुज़री
पर माँ, तुम्हें आज भी इसकी ख़बर नहीं...
माँ, तुम्हारा बेटा बच्चा नहीं है
वह इस युग के विद्रोह की सन्तान है
वह देख सकता है साफ़-साफ़ इस अन्याय को
स्वयं को अन्याय के शिकार के रूप में
सरकारी मशीनरी, जीविका के साधन, श्रम-शक्ति
कोयला और स्टील, गोदाम और कारख़ाने

वहाँ है सुरक्षा, भोजन और पैसा मिलने की गारंटी
पर मेरा चेहरा धूल-धूसरित, वंचित इन सबसे!

प्रारम्भिक दलित उभार पर नक्सल रंग प्रभावी था। दलित स्वयं को आधुनिक तथा सर्वहारा के रूप में देखते थे तथा अपने शत्रु हिन्दू धर्म को सामन्ती पिछड़ेपन के रूप में चीन्हते थे। इसका एक आवश्यक पक्ष था। उस समय को याद करते हुए बम्बई की झोपड़-पट्टियों का एक दलित कार्यकर्ता कहता है–"घोषणापत्र में क्या लिखा है, हमें बिल्कुल नहीं पता था। हम केवल इतना जानते थे यदि कोई तुम्हारी बहन पर हाथ डालता है–तो उसे काट डालो।" लगभग नाशवादी एवं हिंसक मिज़ाज और भीषण क्रोध के कारण यह आन्दोलन 20वीं शती के प्रारम्भिक आन्दोलनों से बिल्कुल अलग था। फलतः इसमें दलित पैंथर्स को विशेष रूप से तथा पूरे नये दलित आन्दोलन को सामान्य रूप से, विश्वव्यापी नये वामपंथी उभार के एक पक्ष के रूप में प्रस्तुत किया। वास्तव में यही वह समय था जब दलित शब्द को अंग्रेज़ों द्वारा निर्धारित नाम डिप्रेस्ड क्लासिज़ (depressed classes) के 1930 तथा 1940 के दशकों के मराठी/हिन्दी अनुवाद के रूप में व्यापक प्रचलन मिला। यह शब्द गांधी के 'हरिजन' तथा वर्णहीन सरकारी शब्द 'अनुसूचित जाति' का उग्र अर्थ वाले विकल्प के रूप में अपनाया गया।

आर्थिक तथा सांस्कृतिक सुधारवाद उस समय के वाम रुझान वाले कई नये आन्दोलनों में शामिल था, जबकि परम्परावादी भारतीय वाममार्गी, जिसमें नक्सल भी शामिल हैं, लगभग इस पूरे काल में सांस्कृतिक मुद्दे पर या हिन्दू धर्म की आलोचना में शायद ही कुछ बोले। दरअसल नौजवान दलित कवियों के लिए आर्थिक तथा सांस्कृतिक शोषण शुरू से ही आपस में गुँथे हुए थे। पूर्वोक्त घोषणापत्र में (जो कि घोषित नक्सल विचारधारा के प्रभाव में लिखा गया है) हिन्दू धर्म की सामन्तवाद के रूप में निन्दा करने के पश्चात्, जाति के मुद्दे पर कुछ भी कहने को नहीं है, किन्तु कविता में जाति, बुद्ध, ब्राह्मण, शंबूक और एकलव्य के बारे में वैसे ही कहा गया है, जैसे ग़रीबी और संसदीय प्रजातन्त्र की निरर्थकता पर चर्चा की जाती। इसका विस्तार पूरे भारतीय इतिहास और पुराणों तक है। साथ ही यह कविता एक नये इतिहास की खोज करते हुए भविष्य के लिए दावा करती है। कवियों के लिए ईश्वर तथा आधुनिक विश्वविद्यालय को कोसना उतना ही महत्त्वपूर्ण रहा, जितना कि पूँजीवाद का बखिया उधेड़ना–

एक दिन मैंने उस मादर चो...भगवान को गालियाँ दीं
वह बेहया-सा हँसा
मेरे जन्मजात कलमख़ोर ब्राह्मण-पड़ोसी को आघात लगा

उसने मुझे अपने अरंडी के तेल जैसे चेहरे से देखा
मैंने एक गर्म-सी गाली फिर उछाली
विश्वविद्यालय की इमारतें काँपीं
और कमर तक धँस गईं
अचानक ही सभी विद्वान करने लगे शोध
गुस्से का स्रोत कहाँ और क्या—?

उनका आधुनिकतावाद जितना आर्थिक शोषण के विरुद्ध था, उतना ही जाति-प्रथा के विरुद्ध हो गया—

आज मैं बीसवीं सदी के बिल्कुल
अन्तिम छोर पर खड़ा हूँ
मेरे चारों ओर आग ही आग है...
एक हाथ में सूरज और दूसरे में लिये चाँद
मैं जानता हूँ अपने संकल्प
एकलव्य की टूटी हुई अँगुली से रिसते लहू का मूल्य।[4]

मार्क्सवाद ने, जैसा कि भारत में जाना जाता है, वर्ग उत्पीड़न तथा जाति उत्पीड़न को अलग-अलग देखा; अब दोनों को एक कर देखने का विचार आया। इससे ही 1970 तथा 1980 के दशक के आन्दोलनों का जन्म हुआ। वास्तव में पैंथर्स का उत्थान और पतन बिजली की कौंध की तरह था। उसमें दो ही सालों के भीतर—बौद्ध धर्म बनाम मार्क्सवाद के मुद्दे पर विभाजन हो गया। बौद्ध गुट के नेता राजा धाले ने दावा किया कि उनके विरोधी नामदेव धसाल मार्क्सवादियों की कठपुतली हैं। उस समय हुआ अधिकांश विवाद शिष्टता की सीमा से बिल्कुल बाहर था ("तुम्हारा बाप कौन है?... आम्बेडकर या मार्क्स?") पर इन सबके पीछे चतुर ब्राह्मण उग्र सुधारवादियों द्वारा नियन्त्रित होने का भय भी था। वामपंथियों ने जाति-विरोधी विमर्श के नियमों से अपनी अनभिज्ञता के कारण अपनी आलोचना के अवसर भी उन तत्त्वों को उपलब्ध कराए। (उदाहरण के लिए ऊपरी तौर से मामूली पर प्रतीकात्मक रूप से महत्त्वपूर्ण उनकी एक गलती को लीजिए। फुले के नाम को विशेष रूप से उच्च जाति के वामपंथियों द्वारा पंडिताऊ ढंग से बार-बार 'ज्योतिबा' कहा गया, जबकि उनका नाम एक ग्राम्य देवता के नाम पर 'जोतिबा' था।

तो भी पैंथर्स का विभाजन इसके लम्बे विद्रोह का मात्र एक प्रसंग था। दलितों ने अपने संगठन की प्रक्रिया एवं दुबारा संघर्ष जारी ही नहीं रखा बल्कि उन्होंने उस समय के अन्य आन्दोलनों को विद्रोह के बड़े मुद्दे उपलब्ध कराए।

दलित पहचान को सर्वहारा वर्ग से जोड़ना, यदि एक प्रकार से अग्रणी होने के एक नये दावे के रूप में सर्व मुक्तिवाद था, तो यह समूची भारतीय क्रान्ति को निम्नजातियों के विद्रोह के रूप में परिभाषित करने का प्रयास भी था। 'हम ही सर्वहारा हैं' का विषय असंख्य कविताओं और लगातार कई भाषणों में व्यक्त किया जा रहा था। उदाहरणार्थ तत्कालीन पैंथर्स नेता अरुण कांबले ने मण्डल आयोग एवं दलितों, तथा ग़ैर-ब्राह्मणों के मध्य एकता की आवश्यकता पर 1980 के दशक में आयोजित 'विषम निर्मूलन सम्मेलन' में बोलते हुए मराठों के कुनबीकरण का आह्वान किया। (यानी ग्रामीण शासक वर्ग की अपनी पहचान को मेहनतकश किसान के रूप में स्वीकार करने के लिए) और दावा किया कि–"हमें दलितिस्तान चाहिए, पृथक् देश के रूप में नहीं : हम 98.5 प्रतिशत हैं और बहुसंख्यक हैं। भारत दलितिस्तान बनकर रहेगा।" दलित ऐसे मंचों से शोषितों के अन्य समुदायों की पहचान तथा विचारधाराओं को नियत करने लगे थे।

1970 के दशक में न केवल निम्नजातियों में एक नयी आन्दोलनात्मक लहर उत्पन्न हुई बल्कि दूसरे आन्दोलनों में दलित-चेतना बोध भी जागृत हुआ। यह एक प्रकार से सामाजिक तथा आर्थिक मुद्दों के एकजुट होने का संकेत था। खान मजदूरों तथा झारखंड आन्दोलन के एक मार्क्सवादी रुझान वाले निर्दलीय नेता ए.के. राय द्वारा इसे उठाया गया था। 'नवदलित क्रान्ति' नामक पर्चे में, जो 1980 में छपा था–वाम आन्दोलन के सभी उच्च जाति के नेताओं पर प्रहार करते हुए, उन्होंने एक पहाड़ी जनजाति-क्षेत्र–एक नदी के किनारे बसी सामन्ती सभ्यता और बन्दरगाह वाले शहर की औपनिवेशिक सभ्यता के आपसी सम्बन्ध के रूप में–भारतीय जीवन के भौगोलिक/सामाजिक आधार की परिकल्पना प्रस्तुत की। आन्दोलनों में बुद्धिजीवियों की सक्रिय भूमिका का आह्वान करते हुए, राय ने भारत की नये सिरे से खोज करने की आवश्यकता बताई।

भारत का बुर्जुआ वर्ग चाहे गोरा हो या काला, बड़ा हो या छोटा, देश की राजनीति पर उसका कोई प्रभाव नहीं है। दो आधारभूत विशेषताएँ ही महत्त्व रखती हैं–

> "इतिहास के अनियमित विकास के साथ जाति-प्रथा का अस्तित्व और दूसरा इस प्रथा का व्यवस्था के ऊपरी स्तर से फैलते विलम्बित पूँजीवाद के साथ आपसी तालमेल बैठना..."

कम्युनिस्टों ने क्रान्ति के लिए कई रूपरेखाएँ तैयार की हैं, जैसे राष्ट्रीय जनतान्त्रिक क्रान्ति, पीपुल्स डेमोक्रेटिक रेवॉल्यूशन, न्यू डेमोक्रेटिक रेवॉल्यूशन तथा

अन्य कई रहस्यमय नामों से, जिसे उनके अनुयायी भी शायद ही समझते हों या याद करते हों। फिर मेहनतकश आमजनों की क्या पूछें? जबकि भारत को एक सरल नवदलित क्रान्ति की ज़रूरत है, जिसमें लाल तथा हरे झण्डे को मिलाकर सामाजिक मुक्ति के लिए तथा आर्थिक शोषण के विरुद्ध लड़ाई एक साथ लड़ी जाये और देश में उपनिवेशवाद के किले को ध्वस्त किया जाये।

राय ने ज़ोर देकर कहा कि भारतीय वामपंथ में ही सांस्कृतिक क्रान्ति लानी चाहिए, जिसमें लोगों के प्रतीक के रूप में राम या कृष्ण न हों बल्कि निम्नजाति के लोगों का कोई नेता हो—हो सके तो स्थानीय जनजातीय और किसान नेता—जैसे बिरसा मुंडा, जिन्होंने 19वीं सदी में आदिवासी विद्रोह का झण्डा उठाया था या आदिवासी सरदार वीर नारायण सिंह, जिन्होंने औरंगज़ेब के साथ संघर्ष किया था, को लिया जाना चाहिए—

> "जनसंस्कृति उत्पीड़ित-दलित लोगों, जैसे छोटानागपुर के बिरसा मुंडा और छत्तीसगढ़ के वीर नारायण सिंह के संघर्ष को विशेष रूप से प्रचारित किया जायेगा और उन्हें उनका उचित स्थान दिया जायेगा—सामन्ती राजाओं और औपनिवेशिक शासकों के युद्ध और षड्यन्त्रों की कहानियों की बजाय, जिन्होंने इतिहास के अधिकांश हिस्से पर अधिकार जमा रखा है। बुद्ध से लेनिन तक की यह एक विलक्षण यात्रा होगी—करोड़ों जनों की मुक्ति के लिए एक नयी तलाश—सिर्फ एक पार्टी मात्र की तलाश नहीं बल्कि एक धर्म की तलाश—शोषणमुक्त, दमनरहित तथा न्यायपूर्ण एक नया इतिहास रचने का प्रयास।"[5]

दलित राजनीति का तर्क

जिस अनोखी यात्रा का ए. के. राय ने आह्वान किया था वह 1970 के दशक में शुरू होती जान पड़ती थी। कई नौजवान गाँव चले गये। आमजनों के बीच से नये क्रान्तिकारी पैदा हुए। आर्थिक तथा राजनीतिक दबावों में वृद्धि के साथ सामाजिक विप्लव भी बढ़े और चूँकि अन्य निम्नजाति तथा दलित-वर्ग दलित संगठन में शामिल हो गये, इसलिए नये स्वर उभरे।

दलित मुद्दों की अभिव्यक्ति जनजातियों द्वारा भी हुई। उदाहरण के लिए एक आदिवासी कवि कार्यकर्ता वहारू सोनवणे को ले सकते हैं, जो मुख्य रूप से खेतिहर, मील मजदूरों और महाराष्ट्र के ग़रीब किसानों के मार्क्सवादी नेतृत्व वाले आन्दोलन की उपज थे। वे शुरू से ही सांस्कृतिक मुद्दों को लेकर बड़े संवेदनशील थे। पर यही मुद्दे 1980 के दशक के अन्तिम हिस्से में प्रमुख मुद्दे के रूप में सामने आये क्योंकि आदिवासी आधार वाले आन्दोलनों ने ग़ैर-जनजातीय व्यक्तियों के वर्चस्व को चुनौती दी थी। वे यह तर्क देने लगे कि आदिवासी, जो धार्मिक पहचान तथा राजनीतिक पार्टियों के कारण कई टुकड़ों में बँट गये हैं, को एकजुट हो जाना चाहिए। इस एकजुटता में वे भाजपाई आदिवासी राजनीतिज्ञों को तो शामिल करने के लिए तैयार थे, किन्तु राम को एक शोषक मानकर ख़ारिज करते हुए तथा समूचे अनार्यवादी बहस को एक अनोखा आदिवासी परिदृश्य देते हुए, उन्होंने राक्षसों को अपने पूर्वजों के रूप में स्वीकार किया।

अल्पसंख्यक ब्राह्मणों तथा कुछ राजाओं के बीच हुए गठजोड़ और उनके द्वारा बरती गयी हिंसा और आक्रमणों के कारण एक के बाद एक आदिवासी जनजाति उनके नियन्त्रण में आ गयी। उन्होंने आदिवासियों को दास तथा निहत्था मेहनतकश खेतिहर मज़दूर बना दिया, जो राजाओं को कर चुकाने लगे। राजाओं ने उन्हें गाँवों में बसाया भी ताकि व्यवस्थित कृषि द्वारा वे अपने-अपने राज्यों का विस्तार कर

सकें। छठी शती ईसा पूर्व, जो कि बुद्ध का काल था और पाँचवीं शती के बीच के काल में, एक ठोस जाति-तन्त्र तथा यजमानी प्रणाली स्थापित हो चुकी थी। अधिकांश स्वतन्त्र आदिवासी जातियाँ खेतिहर जातियों में बदल गयीं, जिससे राजाओं और ब्राह्मणों द्वारा शासित सामन्ती समाज का अतिरिक्त विस्तार हुआ। इस समाज में आदिवासी जनजातियों को आहिस्ता-आहिस्ता परिवर्तित करने तथा उन्हें वर्णाश्रम में आत्मसात करने की क्षमता थी लेकिन केवल निम्न स्तर पर ही। "हमने इस सबका सामना किया पर स्वतन्त्र बने रहे..." जब उस समय के आदिवासियों ने उन पर किये जा रहे अत्याचार का विरोध किया, तो आर्य क्रुद्ध हो उठे। तब आर्यों ने अपने तत्कालीन राजा श्री रामचन्द्र के पास जाकर गुहार लगाई—"राक्षसों से हमारी रक्षा करें क्योंकि हमारे पशुओं को खुले मैदान चाहिए।" राम ने एक वादा किया। फिर रामचन्द्र के नेतृत्व में उस समय के आदिवासियों को राक्षस मानते हुए, उनका वध कर उन्हें कुचल दिया गया।[1]

1980 के दशक में न केवल दलित तथा अन्य निम्नजातियाँ मुखर हुईं बल्कि दूसरे नये सामाजिक आन्दोलन भी हुए। बाज़ार की शक्तियों और सत्ता के हाथों शोषण के विरुद्ध संघर्ष, किसानों का संघर्ष, स्त्रियों का, जनजातियों और हिन्दू जातियों के किसानों का पर्यावरण विनाश और लोगों के विस्थापन के विरुद्ध लड़ाई का भी दशक था यह। ये आन्दोलन अंशतः ही सही, हिन्दू धर्म की आलोचना या विरोध की ओर उन्मुख हुए। ये नये सांस्कृतिक मुद्दे सामने लाये, जो कि दलित और जाति-विरोधी आन्दोलन के मुद्दों से जुड़ गये। कभी-कभी इस परम्परा ने इन आन्दोलनों को प्रेरित भी किया।

उदाहरण के लिए 1975 के बाद के नव-नारी आन्दोलन में नारीवादियों ने शुरू-शुरू में धर्म को ही नकार दिया। उनके इस विरोध का आधार यह था कि "सभी धर्म पितृसत्ता के समर्थक हैं और नारी दमन के पक्षधर हैं", जबकि स्वतन्त्रता पूर्व सीता तथा सावित्री को आदर्श नारियों के रूप में देखा जाता था। कुछ समय के लिए यह धार्मिक-सांस्कृतिक आलोचना सैद्धान्तिक स्तर पर ही चली किन्तु बाद में 1980 के दशक के उत्तरार्द्ध में अंशतः कट्टरवाद के उभार के प्रभाव में कई नारी कार्यकर्ताओं ने अपनी परम्पराओं के कुछ पहलू तलाशने शुरू कर दिये, जिनके साथ वे स्वयं को जोड़ सकें। पर यह जुड़ाव पहले की तरह मात्र हिन्दू या मुस्लिम ढाँचा स्वीकार कर लेने की बजाय, आलोचनात्मक था। नारियों की मशहूर पत्रिका 'मानुषी' की मधु किश्वर ने नारियों से अपने धर्म की रक्षा का आह्वान किया और भक्ति आन्दोलन की साध्वियों के बारे में लिखा। साथ ही उन्होंने कट्टरपंथियों द्वारा राम के लड़ाकू और आक्रामक चित्रण पर कड़ा प्रहार

किया। ये नारीवादी ऐसी धार्मिक परम्पराओं की ओर उन्मुख हुईं, जो और भी अधिक कट्टर धार्मिक परम्पराओं के रूप में लोगों की निगाह में थीं—जैसे कि देवियों की भारतीय परम्पराओं में भूमिका, उन भूमिकाओं को सहयोजित करने और फिर उन्हें पुनर्जीवित करने के तरीक़े। कमला भसीन इस बारे में अपने गीत में कहती हैं—

इस देश की हर स्त्री अपमानित और अवमानित है
जरा अपने दिल पर हाथ रखकर कहो—
किस तरह स्वतन्त्र हो सकता है ऐसा देश
कहते हैं इस देश में अनगणित देवियाँ हैं
जरा बताओ तो मुझे हमारी बेड़ियों की एक कड़ी भी खोली है उन्होंने?
क्या पर्दे से हम पाए हैं कोई प्रतिष्ठा?
हम पर्दे के नीचे रहे घुटते
जलते रहे हैं
बना दो इस पर्दे को परचम
फहरा दो इसे हर जगह
लायेंगे इस धरा पर हम शासन मानवता का
नहीं ललकार सकोगे तुम स्त्री-शक्ति को
ले लिया है संकल्प हमने—बनेंगे 'काली' अब!

1980 के दशक के अन्तिम वर्षों में दलित और अन्य निम्नजाति की स्त्रियाँ और दक्षिण भारत की कुछ नारीवादी महिलाएँ भी अपनी आवाज़ दूसरों तक पहुँचा रही थीं। उन्होंने अनार्यवादी और ब्राह्मण-विरोधी परम्पराओं को पुनर्जीवित करने का प्रयास किया और सीता को एक आदर्श चरित्र की बजाय, उत्पीड़न के प्रतीक के रूप में देखा और 'रामायण' को मातृसत्तावाद पर पितृसत्तावाद की विजय-गाथा बताया। बंगलूर की एक दलित ईसाई रूथ मनोरमा, जो झुग्गी-झोपड़ीवासियों को संगठित करने में लगी थीं, दलित नारी-वर्ग की बात उठाने लगीं। उनके अनुसार यह वर्ग तिहरे उत्पीड़न का शिकार था तथा इसके लिए ब्राह्मणवाद मुख्य रूप से जिम्मेवार है। पर उन्होंने इस उत्पीड़न के लिए दलित मर्दों को भी नहीं बख़्शा। 1991 तक स्थिति यह हो गयी कि राष्ट्रीय नारी अध्ययन सम्मेलन, जो कलकत्ते में आयोजित हुआ, में दो अल्पसंख्यक समुदाय की नारीवादियों ने शक्तिशाली नारी आन्दोलनों में हिन्दू वर्चस्व पर प्रहार करना आरम्भ करना शुरू कर दिया।

पर्यावरण आन्दोलन के भीतर भी इसी प्रकार क्रान्तिकारी सांस्कृतिक मुद्दे हावी होने लगे, जो सुधारवादी हिन्दू धर्म की परम्परा के विरोध से जुड़े थे; हालाँकि

औपनिवेशिक काल की तुलना में यह विरोध बस अस्पष्ट-सा ही था। मध्यवर्गीय पर्यावरण गांधीवाद से अभिप्रेरित था, जिसका मुख्य प्रहार पश्चिमी सभ्यता, पश्चिमी विज्ञान और उस टेक्नोलॉजी पर था, जो भारतीय परम्परा और संस्कृति को अपने अनुरूप ढालने में लगी थी। मध्यवर्गीय पर्यावरणवाद में जाति के प्रति या जाति के वैज्ञानिकीकरण के प्रति किसी हद तक तटस्थता का भाव था। उदाहरण के लिए हम 'इकोलॉजिकल, हिस्ट्री ऑफ इण्डिया' (Ecological History of India) को देखें, जो पर्यावरणीय इतिहास का सबसे महत्त्वपूर्ण अकादमिक अध्ययन था। वास्तव में वह पर्यावरणीय अनुकूलन के रूप में जाति का, कार्य के आधार पर औचित्य प्रस्तुत करता था।[2] इसमें भी वंदना शिवा सरीखी पर्यावरण-सह-नारीवाद की नयी आवाज़ मौजूद थी, जो मातृदेवी सम्बन्धी विषयों पर उसे प्रकृति की संरक्षक बताते हुए जोर दे रही थीं और प्रकृति की परम्पराओं से इसका सम्बन्ध जोड़ रही थीं।[3] पर्यावरण से सम्बद्ध जनआन्दोलन, जो मुख्य रूप से किसानों तथा निम्नजातियों द्वारा समर्थित था, अधिकांशतः ब्राह्मण-विरोधी परम्पराओं पर आधारित था। गंगा जल पर अधिकार के लिए चले एक आन्दोलन में 'एकलव्य' को प्रतीक बनाया गया था। इसका आंशिक कारण तो यह था कि मछुआरों का समुदाय इस आन्दोलन में सबसे अधिक सक्रिय था और वे स्वयं को एकलव्य से सम्बद्ध मानते थे। इसी प्रकार दक्षिणी महाराष्ट्र में किसानों द्वारा निर्मित बाँध के लिए स्थानीय स्तर पर चले एक ज़बर्दस्त किसान आन्दोलन ने स्वयं को फुले की परम्परा से जोड़ा और बाँध का नाम 'बाली राजा बाँध' रखा। धीरे-धीरे जनजातीय तथा खेतिहर जाति-विरोधी परम्पराओं से जुड़े आन्दोलनकारियों ने, मध्यवर्गीय पर्यावरणवादियों की जाति-सम्बन्धी परम्पराओं के शोषणमूलक पहलुओं की अनदेखी करने की प्रवृत्ति को चुनौती देना शुरू कर दिया।

बाली राजा महाराष्ट्र के दूसरे जनआन्दोलन के लिए भी महत्त्वपूर्ण प्रतीक बन गया। विदर्भ क्षेत्र में अन्य पिछड़ी जातियों के बीच जाति-विरोधी मुद्दों पर काम कर रहे एक संगठन ने इसे हर साल उत्सव के रूप में मनाने के लिए इसे एक बड़ा मुद्दा बनाया और राज्य में चले सबसे शक्तिशाली आन्दोलन 'शेतकारी संगठन' में यह प्रमुख प्रतीक के रूप में इस्तेमाल किया गया। इसके नेता शरद जोशी, जो हालाँकि ब्राह्मण जाति के थे, ने जनप्रतीकों को अपने 'भारत बनाम इण्डिया' नामक समाज में शोषणकारी लोग (मुख्य रूप से शहरी) तथा शोषित (मुख्य रूप से ग्रामीण लोग) के मध्य संघर्ष के विचार को स्पष्ट करने के लिए प्रयुक्त किया। विकास के गांधीवादी प्रतिमानों का आह्वान किया गया ताकि राज्य-नियन्त्रित भारी उद्योगों पर आधारित विकास की बजाय, ग्राम्य तथा कृषि

केन्द्रित विकास पर बल दिया जा सके। अब 'रामराज्य' की बजाय बाली राज्य की बात गूँजने लगी और 1989 में नान्देड़ में सम्पन्न हुए शेतकारी संगठन के सम्मेलन में एक लोकप्रिय कहावत को और भी दृढ़ता के साथ प्रस्तुत किया गया—"दुख-दर्द जायेगा—बाली राजा आयेगा।" यह बाली राज क्या है? शरद जोशी ने बाद में इसे स्पष्ट किया और बताया कि यह दरअसल सम्पोषित विकास है, जिस पर उस समय हर जगह चर्चा हो रही थी—

> "यह एक लक्ष्य नहीं वरन् दिशा है। यह ऐसी दिशा है जिसका अर्थ है लोगों की आवश्यकताओं की पूर्ति के लिए उत्पादन की बुनियाद को हानि पहुँचाए बिना अधिक उपज प्राप्त करना..."[4]

इस प्रकार कम से कम पश्चिमी तथा दक्षिण भारत में फसलों की ऊँची कीमत के लिए किसानों का नया आन्दोलन लोकप्रिय ब्राह्मण-विरोधी परम्पराओं से जुड़ा था। शेतकारी संगठन ने बाली राजा के साथ-साथ शिवाजी तथा फुले का इस्तेमाल तो किया ही, उसने 1990 के दशक की शुरुआत में स्त्रियों के जमीन पर अधिकार के सम्बन्ध में चले एक आन्दोलन के सन्दर्भ में राम को सीता पर अत्याचार करने वाला बताया। 'रैयत संघ' ने लोहियावादी परम्परा से जाति-विरोधी विषयों को चुना और कर्नाटक में दलित आन्दोलन से गठजोड़ किये। दूसरी ओर हिन्दी भाषी प्रदेशों में किसान आन्दोलन के नेता, जैसे कि उत्तर प्रदेश के जाट किसान नेता महेन्द्र सिंह टिकैत आदि ने ब्राह्मण विरोधी मुहावरों का इस्तेमाल तो किया पर हिन्दू धर्म के और भी पुरातनपंथी रूप से जुड़े रहे।

इस तरह 1980 के दशक के लोकप्रिय आन्दोलनों के चरित्र में घोर विषमता थी। रूढ़िबद्ध हिन्दू-परम्पराओं को वे चुनौती तो दे रहे थे लेकिन यदि दलित दृष्टिकोण से देखें, तो कुछ बिन्दुओं पर वे ब्राह्मणवाद से समझौता भी कर रहे थे। कुछ अन्य बिन्दुओं पर उनमें दूसरे धार्मिक एवं सांस्कृतिक कट्टरवाद से जुड़ने की तत्परता भी थी, जो उनके ब्राह्मणवादी हिन्दू धर्म के विरोध के कारण थी। उनमें प्रति-कट्टरवाद (counter-fundamentalism) की इस प्रकार की प्रवृत्तियों का ज़ोर सम्भवतः सबसे अधिक सीमा प्रदेशों की राष्ट्रीयता से उपजे जटिल आन्दोलन में था। पंजाब में दिल्ली के ब्राह्मण-बनिया शासन का विरोध सिक्ख धार्मिक परम्पराओं से जुड़ा हुआ था, जो कुछ बिन्दुओं पर कट्टरता की सीमा छूता था, जिसके कारण औरतों की पोशाक को और बौद्धिक प्रश्नों को नियन्त्रित करने की कोशिश भी की गयी। कश्मीर से इस्लामी तथा समाजवादी प्रवृत्तियाँ ही केन्द्र के विरुद्ध सशस्त्र गुरिल्ला संघर्ष का रूप लिये थीं और औरतों पर दमन की कोशिश भी उनसे ही उपजी थीं। असम में 1980 के दशक से चले आन्दोलन में

अधिकांशतः उच्च जाति के हिन्दू छात्रों का वर्चस्व था और हिन्दू कट्टरपंथियों ने इसका लाभ उठाते हुए 'हिन्दू शरणार्थियों' को स्वीकार करने का तर्क दिया और मुस्लिम घुसपैठियों का विरोध किया। दूसरी ओर 'यूनाइटेड लिबरेशन फ्रंट ऑफ असम' या 'उल्फा', जो कि अधिक उग्र सशस्त्र संघर्ष बल था, ने उत्तर-पूर्वी विशिष्टताओं को अपना विषय बनाया। संयुक्त राष्ट्र संघ में दिये अभ्यावेदन में उन्होंने कहा कि असम न तो हिन्दुओं और न ही मुस्लिमों द्वारा कभी जीता जा सका था और भारत की मुख्य-भूमि पर आर्य-द्रविड़ आबादी के विपरीत, यहाँ के लोग मुख्य रूप से मंगोल, तिब्बती-मंगोल तथा ऑस्ट्रिक नस्ल के हैं।

इन सब आन्दोलनों के प्रति दलितों की ओर से दिलचस्प प्रतिक्रियाएँ हुईं। उदाहरण के लिए 'दलित वॉयस' पत्रिका ने असम आन्दोलन को ब्राह्मण प्रभुत्व वाला होने के आधार पर ख़ारिज कर दिया किन्तु अपना सम्बन्ध सिक्खों तथा मुसलमानों से जोड़े रखा। उसने ज़ोर देकर कहा कि इन्दिरा गांधी की हत्या करने वालों में एक दलित (मज़हबी सिक्ख) था। उसने इस्लाम को, स्त्रियों का मुक्तिदाता धर्म बताया। कांशीराम की बहुजन समाज पार्टी ने भी इसी प्रकार से पंजाब को अपना सबसे मजबूत राजनीतिक आधार बनाया। इस प्रकार 1980 के दशक में हिन्दुत्व के उभार और कांग्रेसी भ्रष्टाचार के तहत सांस्कृतिक संवाद की कई प्रकार से जटिल प्रक्रिया नज़र आयी। गुलामी के समय की तुलना में भारतीय सरकारी तन्त्र के विरोध के कई रूपों में आपसी तालमेल स्थापित हुए, जिसमें वामपंथी शक्तियाँ भी कई प्रकार से शामिल थीं। बावजूद इसके यह काल परस्पर विरोधी विवादों और सम्पूर्ण मुक्तिवादी दर्शन के सिद्धान्त को विकसित करने के असफल प्रयास के रूप में ही चिह्नित किया जा सकता है।

दलित राजनीति के औचित्य के रूप में तीन मुख्य विषय उभरकर सामने आये—

(क) बहुसंख्यकों के धर्म के रूप में हिन्दू धर्म की परिभाषा को चुनौती देना तथा इस बात पर ज़ोर देना कि ब्राह्मणवादी हिन्दू धर्म का ही इस संस्कृति पर वर्चस्व है, जिसे तोड़ना ज़रूरी है।

(ख) इस विषय का दलितों के अतिरिक्त उत्पीड़ित, शोषित तथा जाति शोषण की प्रक्रियाओं द्वारा हाशिए पर डाल दिये गये समाज के अन्य भागों में प्रसार; इनमें आदिवासी तथा अन्य पिछड़ी जातियों के लोग (पूर्ववर्ती शूद्र), किसान, स्त्रियाँ तथा उत्पीड़ित क़ौमें शामिल हैं।

(ग) सांस्कृतिक चुनौती के साथ एक नयी आर्थिक-राजनीतिक दिशा का मेल। दलित राजनीति की सफलता के लिए तीनों बातें ज़रूरी थीं और 1980 का दशक इन उद्देश्यों की प्राप्ति में असफलता का काल था।

कई रूपों में इस दशक के उत्तरार्द्ध में एक समन्वित चुनौती उभरती हुई दिखी। आन्दोलन पर आन्दोलन सामने आये। इस दशक के मध्य में घटित ब्लू स्टार ऑपरेशन की मार झेल लेने के बाद इन्दिरा गांधी की हत्या और उसके प्रतिक्रियास्वरूप दिल्ली में हुए सिक्खों के नरसंहार से इसमें व्यवधान तो पड़ा पर इस चुनौती ने तुरन्त आकार लेना शुरू कर दिया। वी. पी. सिंह इसके प्रतीक के रूप में सामने आये। दरअसल यह राजनीतिक प्रक्रिया मात्र नहीं थी, जिसने जनता दल और राष्ट्रीय मोर्चे को जन्म दिया और उन्हें वामपंथियों के नज़दीक लाया। मुख्य बात यह थी कि इसने नये सामाजिक आन्दोलनों के बीते तेवरों को अपने साथ लिया। वी. पी. सिंह ने शरद जोशी तथा दत्ता सामंत के साथ सहयोग किया, जबकि सामाजिक न्याय, मेहनत के अनुसार पैसा, कर्ज-माफी और विकेन्द्रीकरण के मुद्दे भी नये मोर्चे के नारे के रूप में सामने आये। यहाँ तक कि पर्यावरण सम्बन्धी मुद्दों ने भी एक नया स्वर अपनाया। इस प्रकार पूरे देश में बहुतों के लिए वी. पी. सिंह स्पष्ट रूप से, वर्ग तथा जाति के प्रति चुनौती के प्रतीक-रूप में सामने आये—

> "इस तिरस्कार के पीछे निश्चित रूप से गहरा भय छिपा है। उन्हें डर है कि तथाकथित पिछड़ा वर्ग तथा हरिजन राष्ट्रीय स्तर पर सत्ता प्राप्ति के लिए निर्णायक हल्ला न बोल दें और 1985 से चले आ रहे अभिजात्य शासन का अन्त न कर दें...गिरिलाल जैन ने तो यहाँ तक कह दिया कि केवल ब्राह्मण ही भारत को एकजुट रख सकते हैं, जबकि उनके एक स्तम्भ लेखक ने कहा कि देवीलाल की जाति तथा दल के लोग, जिन्हें कभी ब्रिटिश सरकार ने आपराधिक मनोवृत्ति वाला घोषित किया था, राजनीति का अपराधीकरण कर सकते हैं...देवीलाल पिशाच से कम नहीं हैं। वे जाट, गूजर और अहीरों को दिल्ली की सत्ता पर बिठा देंगे और उनके साथ ही पूरे हिन्दी प्रदेश के किसान और राजनीतिक रूप से सक्रिय राजस्थान तथा महाराष्ट्र के दलित भी आ जायेंगे। आज़ादी के चालीस वर्षों में निर्मित पाँच सितारा होटल और अंग्रेज़ी बोलने वाले अभिजात्य वर्ग के मौज-मस्ती वाले सामाजिक तथा राजनीतिक संस्कृति के साम्राज्य के वृहद ढाँचे को, वे छिन्न-भिन्न कर देंगे..."[5]

लेकिन दलित राजनीति के तर्क की माँग के अनुरूप विपक्ष की चुनौती एक समग्र सांस्कृतिक एवं आर्थिक विकल्प प्रस्तुत नहीं कर पायी। पूरी प्रक्रिया में अहम् तथा विशाल खाई थी। एक स्तर पर राजनीतिज्ञों द्वारा इस चुनौती का हरण कर लिया गया, जिसके प्रतीक के रूप में इस तथ्य को लिया जा सकता है कि हरियाणा के भ्रष्ट मुखिया देवीलाल को किसान आन्दोलन के प्रतिनिधि के रूप में लिया

गया, जबकि वी. पी. सिंह स्वयं तथा उनके राजनीतिक दाहिने हाथ रामविलास पासवान ने भी स्वतन्त्र दलित नेताओं के अस्तित्व तथा जाति-विरोधी विषयों को उठाने वाले आन्दोलन का गला घोंटने में कोई कसर नहीं छोड़ी। पर यह इन आन्दोलनों के नेतृत्व की असफलता का भी संकेत था। 1989 में किसान आन्दोलन में एक बड़ा विभाजन हुआ। स्त्रियाँ और पर्यावरणवादी अलग-अलग ख़ेमों में बँटे रहे और राजनीतिक संघर्ष की प्रक्रियाओं से जूझने में अक्षम रहे। दलित आन्दोलन स्वयं भी अपनी राजनीतिक शक्ति के बावजूद एकजुटता पैदा करने में नाकाम रहा। 1988-89 के आते-आते बहुजन समाज पार्टी के कांशीराम उत्तर भारत में—तथा भारतीय रिपब्लिकन पार्टी के प्रकाश आम्बेडकर ने महाराष्ट्र में नयी ताकत जुटा ली थी। बावजूद इसके वे आपस में उलझे रहे और एक समन्वित राजनीतिक दल के आकार लेने में अपनी कोई महती भूमिका नहीं निभा पाये। दलित, उनके निम्नजाति के मित्रगण तथा अल्पसंख्यक वर्ग राजनीति के हाशिए पर रहे और कांग्रेस तथा विपक्षी राजनीतिक पार्टियों के अन्तर्लयन की प्रक्रियाओं से जूझने में नाकाम रहे।

राजनीतिक परिदृश्य पर उभरकर आयी पार्टियों के पास समान आर्थिक कार्यक्रम का नितान्त अभाव था। वामपंथी (और राजनीतिक पार्टियाँ) खेतिहरों को उचित मूल्य दिलाने जैसे मुद्दे पर समर्थन का दिखावा तो करते रहे पर इसके पीछे के असल मुद्दे—यानी राज्य द्वारा किसानों के शोषण का व्यवस्थित रूप से विश्लेषण नहीं किया। समाजवादियों ने विकेन्द्रीकरण की चर्चा तो की और इसे प्रस्तावित आठवीं पंचवर्षीय योजना का विशेष केन्द्र भी बनाया लेकिन वे यही मानते रहे कि आर्थिक उपज का आधिक्य गाँव से केन्द्र की ओर प्रवाहित होकर आयेगा और गाँव तथा जिलों को विकेन्द्रीकृत होकर फिर वापस चला जायेगा। वामपंथियों ने मण्डल कमीशन के तहत जाति-आरक्षण को अनिच्छापूर्वक समर्थन दिया पर आरक्षण के लिए आर्थिक आधार पर जोर देना जारी रखा, जिसकी प्राप्ति 1992 में सर्वोच्च न्यायालय द्वारा 'क्रीमी लेयर' को आरक्षण से अलग करने के फैसले से हुई। पुराने नारों का सहारा लेने का एक रुझान भी देखा गया, जिसने सम्भवतः आन्दोलनकारियों को उद्वेलित तो किया किन्तु जनसमुदाय पर इसका कोई विशेष प्रभाव नहीं पड़ा। अनिश्चितता के पीछे समाजवादी मॉडल के गहराते संकट का ही हाथ था—जिसका दर्शन रूस और पूर्वी यूरोप में हुआ। जिसे कभी शोषक व्यवस्था के विकल्प के रूप में देखा गया था, उसमें आस्था लुप्त होती जा रही थी और राजनीतिक स्तर पर पूँजीवाद तथा राज्य नियन्त्रणवाद का कोई नया विकल्प नहीं दिया जा सका।

यह लहर समाप्त हो गयी। 1990 के दशक तक नया दलित आन्दोलन मज़बूत

होने के बावजूद भटकावग्रस्त था। वी. पी. सिंह की सरकार गुटबाज़ी तथा काण्डों से त्रस्त अपने मुख्य कार्यक्रमों को लागू करने में असफल रही और कोई नयी दिशा देने में नाकाम रही। फलतः वह थोड़े ही समय तक जीवित रह पायी। इसका स्थान चन्द्रशेखर की प्रभारी सरकार ने लिया और उसके पश्चात् पुनः कांग्रेस सत्ता में आ गयी। 1991 के चुनावों के लिए ऐसा प्रतीत हुआ, मानो विपक्ष एकजुट हो रहा है और इतिहास में पहली बार लोकतान्त्रिक वामपंथी गठजोड़ बना (राष्ट्रीय मोर्चा तथा वाम मोर्चा), जिसने कांग्रेस तथा भाजपा के नेतृत्व वाली दक्षिणपंथी हिन्दू शक्तियों का विरोध किया।

इस गठजोड़ के पास भी कोई समान कार्यक्रम नहीं था और लोकप्रिय आन्दोलन का बड़ा भाग, जो 1989 में वी. पी. सिंह के साथ था और अब उनसे कट गया था, 1991 के चुनाव में निष्क्रिय रहा। हालाँकि वोटों का उनका प्रतिशत उतना बुरा नहीं था। एक कमज़ोर लड़खड़ाती सरकार, जो सत्ता में अब तक का सबसे कम वोट लेकर आयी थी (और अनुमानतः पूरे जोर-शोर से चल रहे चुनाव अभियान के बीच हुई राजीव गांधी की हत्या से कांग्रेस को 10 प्रतिशत सहानुभूतिजन्य वोट भी मिले) और 'रामो-वामो' का योग भाजपा से थोड़ा-सा ज्यादा था, तो भी हिन्दूराष्ट्रवादी शक्तियों का ठोस तथा खतरनाक उभार राजनीतिक पटल पर हावी था। यहाँ तक कि नरसिंह राव की कांग्रेस सरकार ने अन्तर्राष्ट्रीय मुद्रा कोष और अन्तर्राष्ट्रीय बैंक की गोद में देश को डालते हुए बाज़ार अर्थव्यवस्था को अपनाने का अचानक निर्णय लिया। वामपंथी शक्तियों के पास नेहरूवादी मॉडल और उसके निहित धर्मनिरपेक्षता तथा समाजवाद के वादों का नकारात्मक बचाव करने के अलावा दूसरा रास्ता नहीं रह गया था। इस तथ्य का सामना करने की आवश्यकता का उन्हें अहसास भी नहीं था कि धर्मनिरपेक्षता तथा समाजवाद दोनों के पारम्परिक मॉडल पुराने और अविश्वसनीय हो चुके हैं।

अभी और भी बुरे दिन देखने शेष थे। कांग्रेस के विरोध में तथा एक अलग प्रकार के विकास यानी 'वैकल्पिक ढाँचागत रूपान्तर' के लिए लोगों को लामबन्द करने वाली कोई शक्ति नहीं बची थी। कांग्रेस स्वयं प्रतिष्ठा खो चुकी थी फिर भी सत्ता पर इसकी जकड़ को ढीला करना असम्भव मालूम होता था। भाजपा ने अपने उग्र हिन्दूवाद के अभियान को तेज़ करना शुरू कर दिया। बड़ी संख्या में कटु दिशाहीन नौजवान वर्ग—जिसमें अब तक कट्टरवाद की जकड़ में आ चुकी स्त्रियाँ भी शामिल थीं—'राम' के झण्डे तले जमा हो गये। 6 दिसम्बर, 1992 को अयोध्या में पुरानी मस्जिद तोड़कर गिरा दी गयी। पुलिस चुपचाप खड़ी तमाशा देखती रही और उसके बाद क्रुद्ध और नाराज मुसलमान उत्तेजना में प्रदर्शन पर उतर आये।

प्रति-उत्तेजित हिन्दू (और पुलिस) ने उन पर हमला कर दिया, जिससे पुलिस फ़ायरिंग और दंगे में सैकड़ों लोग मारे गये। उसके पश्चात् पूँजी उद्योग तथा सर्वदेशीयता की भारत की गौरव नगरी बम्बई 1993 की जनवरी की शुरुआत में हिंस्र गिद्धों की नगरी में बदल गयी—क्योंकि मुख्य रूप से मुसलमानों के नरसंहारों का अन्तिम दौर शुरू हो गया था। अपराधियों के जत्थों ने कई दिनों तक गलियों को घेरे रखा और हमला, लूटपाट, छुरा घोंप-घोंपकर हत्या और सम्पत्तियों को जलाकर राख कर देने का खेल शुरू कर दिया। इस साम्प्रदायिक भट्ठी में ठीकेदार, गुण्डों, राजनीतिज्ञों आदि सभी ने हाथ बँटाया पर यह आग अपने ही तर्क से भड़कती मालूम हो रही थी। उन्मादी लोग जैसे कि शिव सेना के बाल ठाकरे 'टाइम' पत्रिका से खुलेआम बोलते फिरे कि "क्या उन्होंने (यानी भारतीय मुसलमानों ने) नाज़ी जर्मनी के यहूदियों की तरह व्यवहार नहीं किया? अगर ऐसा ही है तो जैसे जर्मनी में यहूदियों के साथ सलूक किया गया, वैसा ही इनके साथ करने में कुछ भी गलत नहीं है...राजनीति में शिवाजी (जिनका हम अनुसरण करते हैं) और धर्म में तीसरा नेत्र अब खुल रहा है।"[6] और इतने पर भी कोई बाल ठाकरे को गिरफ़्तार करने की हिम्मत नहीं कर सकता था।

नैराश्य का अहसास कई आन्दोलनकर्त्ताओं में व्याप्त होने लगा क्योंकि उन्होंने महसूस किया कि संस्कृति तथा आर्थिक विकास की लगाम उनके हाथ से छूटी जा रही है। ज़ाहिर था कि स्वतन्त्रता प्राप्ति के बाद से ही भारतीय राजनीतिक और आर्थिक समीकरण बिगड़ गया था और साम्प्रदायिकता की आर्थिक आधार पर की जा रही व्याख्या, अब अपर्याप्त मालूम हो रही थी। धार्मिक कट्टरता की हर जगह बढ़ती हुई चुनौती ने लोकतान्त्रिक और क्रान्तिकारी ताक़तों को 'पहचान' के मुद्दे से निबटना ज़रूरी बना दिया। एक आम सहमति धीरे-धीरे उभर रही थी कि धर्मनिरपेक्षता को एक वायवीय आदर्श मानने की बजाय, विभिन्न समुदायों की जनप्रिय परम्पराओं से जोड़कर समझना होगा।

इसके बावजूद भारतीय वाम तथा प्रगतिशील आन्दोलनकारियों के बड़े तबक़े ने इन लोकप्रिय परम्पराओं को 'हिन्दू' तथा ब्राह्मणवादी परम्पराओं के रूप में लिया। एक और स्पष्ट परिवर्तन देखा गया, जिसमें इस वर्ग का रुझान उदारवादी हिन्दू और मुस्लिम परम्पराओं की ओर उन्मुख दिखा। भक्ति सूफ़ी आन्दोलनों का आह्वान किया गया और विवेकानन्द को प्रगतिशील चरित्र के रूप में कई जगह प्रस्तुत किया गया। 'द वीक' पत्रिका के एक स्तम्भ लेखक ने कम्युनिस्टों के इस परिवर्तन पर चुटकी लेते हुए इसे 'लाल हिन्दुत्व' की संज्ञा दी।[7]

क्या कम्युनिस्ट फुले-आम्बेडकर के रास्ते को भूलते जा रहे थे, जिस 1989

और 1990 के शताब्दी समारोह के वर्षों में उनमें से कई ने प्रशंसा की थी। क्या वे अब थोड़ा अधिक पारम्परिक और प्रभावी हिन्दू धर्म से समझौते को तैयार हो रहे थे? दलितों को कोई विशेष हैरत नहीं हुई। बहुत सारे लोगों के इस विचार की इससे पुष्टि होती थी कि राजनीतिक पार्टियों, सामाजिक एवं सांस्कृतिक संस्थानों में निराशाजनक हद तक उच्च जातियों का वर्चस्व क़ायम हो गया था। दलित खासतौर पर कट-से गये थे। पुरस्कार विजेता लेखक और किसी समय के कम्युनिस्ट पार्टी के सदस्य बाबू राम बगुल ने राष्ट्रीय आन्दोलन में हिन्दू मुद्दों के वर्चस्व की कड़ी भर्त्सना की थी। उन्होंने कहा था कि यूरोप में राष्ट्रवाद और बुर्जुआ क्रान्ति में प्रगतिशीलता का अंश था और लोगों ने धार्मिक पुरोहित वर्ग को चुनौती दी थी, पर भारत में राष्ट्रवाद एक प्रकार से पूर्वजों की पूजा बनकर रह गया था। बगुल कहते रहे कि चूँकि हिन्दू बहुसंख्यक हैं, इसलिए भारतीय परम्पराओं से आशा करने के लिए कुछ भी नहीं है–

> ''प्रजातान्त्रिक समाजवाद ही जो स्वतन्त्रता, समानता और भाईचारा की बुनियाद पर टिका है, आधुनिक युग का दर्शन है। इस दर्शन की जड़ें यहाँ के जनमानस और रहस्यवादी मूल्य-ढाँचे में कहीं नहीं हैं। आदर्शों के रूप में सन्तों के साहित्य ने कोई विकल्प प्रस्तुत नहीं किया। इसकी बजाय फासीवाद, वर्ण प्रभुत्व, नायक-पूजा, अंहकार, तिरस्कार, ईर्ष्या और घृणा–इन सभी को ठोस साहित्यिक और बौद्धिक समर्थन प्राप्त है।''[8]

एक नौजवान कवि विलास राशिनिकर इसे अभिव्यक्ति देते हुए कहते हैं–

काली स्याह सुरंगों से वे
अस्थियाँ करते एकत्रित
तिरतीं जो एकदम काले पानी पर
और पुनर्निर्मित करते कंकाल
अपने बाप-दादा के
गा-गा कर प्रार्थना-गीत
उनके विचारों के
हो गए हैं जो तार-तार!
निषिद्ध यहाँ है
सूर्य का प्रवेश
साम्राज्य यह
पितर-पूजकों का,
कलमुँहे-परित्यक्तों का
अँधेरे का।[9]

स्पष्ट है कि दलित राजनीति का तर्क दलितों के सांस्कृतिक मुद्दों के परे और भी कुछ था। यह व्यापक आर्थिक तथा राजनीतिक बल की आवश्यकता पर ज़ोर देता था। इसकी माँग यह भी थी कि विभिन्न आन्दोलनों में और दलित तथा शोषित समाज के लोगों के बीच एकता और मेल क़ायम हो। यह काम प्रभावशाली रूप से नहीं हो पाया। और 1990 के दशक की शुरुआत में प्रतिक्रियावादी शक्तियाँ फिर से सिर उभारती मालूम हो रही थीं।

सीता का शाप और शंबूक का मौन

विद्वानों और पत्रकारों में (और आम लोगों के एक बड़े हिस्से की तो बात ही क्या?) इस बात पर ज़बर्दस्त मतैक्य है कि हिन्दुस्तान हिन्दुओं का देश है (या हिन्दू बहुसंख्यक देश है) और इस बात पर भी कि वास्तविक झगड़ा साम्प्रदायिक विचारधारा वाले लोगों और धर्मनिरपेक्षतावादियों में 'हिन्दू' की परिभाषा को लेकर है। ऐसे भी यह मतैक्य आश्चर्यजनक रूप से कमज़ोर तर्क पर टिका है। उदाहरणार्थ 'द इकोनॉमिस्ट' में 'हिन्दू उभार' पर प्रकाशित लेख में इस अंश को देखें–

> "हिन्दू क्या है? इस बात का उत्तर आश्चर्यजनक रूप से पेचीदा है। हजारों वर्ष पूर्व मध्य एशिया से आर्य इस भारतीय उपमहाद्वीप में स्थानीय जनजातियों को जीतते हुए आये। आर्यों के पवित्र ग्रन्थ 'वेद' दर्शन, प्रार्थना और उनके कई देवताओं के बारे में कहानियों का मिला-जुला रूप है। जब आर्य यहाँ के मूलवासियों से घुल-मिल गये, तो बहुत-सी स्थानीय मान्यताएँ और कुछ अतिरिक्त देवताओं के नाम वैदिक देवताओं की सूची में जुड़ गये। देवताओं और मान्यताओं का यह घालमेल ही हिन्दू धर्म कहलाया। शुरू-शुरू में यह शब्द सिन्धु नदी के आसपास रहने वाले लोगों के लिए इस्तेमाल होता था। यह शब्द हमेशा से ही 'आस्था' की बजाय एक 'समाज' के लिए प्रयुक्त हुआ है, एक उपासना-स्थल की बात तो छोड़ ही दें..."[1]

ऊपर से यह विवरण निष्पक्ष मालूम होता है। पर यह विवरण आपको यह नहीं बताता कि इस उपमहाद्वीप में सिर्फ जनजातियाँ ही नहीं थीं, उनकी एक सभ्यता-संस्कृति भी थी। दूसरी बात यह है कि इस लेख में 'आर्य' को बुनियादी तत्त्व के रूप में लिया गया है, जिसमें अन्य धार्मिक विषय जुड़ गये हैं किन्तु

बार-बार यह दुहराते हुए कि हिन्दू का अर्थ एक 'क़ौम' और आस्थाओं का एक समुच्चय (धर्म) भी है, यह हमारे सामने एक स्पष्ट दुविधा खड़ी करता है कि अगर हिन्दू धर्म एक धर्म है तो यह केवल उपमहाद्वीप में रहने वाले लोगों का धर्म नहीं हो सकता--और यह भी कि धर्म के रूप में (ब्राह्मणवाद, वेदों की सत्ता और जाति-प्रथा में विश्वास से बँधा) यह मूल रूप से इस उपमहाद्वीप का धर्म या राष्ट्र-धर्म नहीं है। कई अन्य धर्म तथा बौद्ध धर्म, जैन धर्म अपेक्षाकृत अधिक पुराने होने का दावा कर सकते हैं। बल्कि अन्य धार्मिक परिभाषाएँ (सिक्ख धर्म, वीरशैव धर्म और जनजातीय आस्थाएँ या परम्पराएँ) भी हिन्दू धर्म की परिधि से बाहर होने का दावा कर सकती हैं, जो सही भी है। हिन्दू धर्म, धर्म के रूप में बहुसंख्यक होने की प्रतिष्ठा इतनी आसानी से नहीं पा सकता।

दूसरी ओर, अगर हिन्दू धर्म एक समाज है या किसी क्षेत्र में रहने वाली एक कौम है, तो वह यहाँ की सांस्कृतिक परम्पराओं के अपने होने का दावा कर सकता है, जो मोहनजोदड़ो और उससे भी पीछे तक हमें ले जाता है। यदि हम कश्मीर से कन्याकुमारी तक और उत्तर-पूर्व से राजस्थान मरुभूमि और इससे भी आगे तक जायें, तो नस्लों के वैभिन्य, नस्ली समाजों तथा सांस्कृतिक विशिष्टताओं को भी इसके दायरे में समेटना होगा। उन पर राम-कृष्ण स्थानीय अथवा विशेष देवी-देवताओं को या किसी को स्वीकार करने या राष्ट्रीय पहचान का अंग होने की शर्त थोप कर, उन्हें इस परिभाषा से बाहर रखने का कोई तर्क नहीं है। वैदिक धर्म को प्राथमिकता देने का कोई निश्चित ऐतिहासिक या तार्किक आधार भी नहीं है। इस प्रकार की हिन्दू-पहचान (जिसे कुछ सिन्धु-हिन्दू कहते हैं क्योंकि सिन्धु ही मूल उच्चारण है)[2] में समतावाद और ब्राह्मण-विरोध भी निहित है।

दूसरे शब्दों में हिन्दू राष्ट्रवादियों द्वारा सृजित हिन्दू धर्म का ताना-बाना, जिसे विभिन्न रूपों में बहुत से धर्मनिरपेक्षतावादी माने जाने वाले लोगों द्वारा भी स्वीकार किया गया है, एक चालबाजी पर टिका हुआ है—यानी एक व्यापक क्षेत्र विशेष में सीमित, बहुलतावादी ऐतिहासिक पहचान की दो प्रतिकूल परिभाषाओं को एक धार्मिक संस्कृति, जो कि आर्य/वैदिक/संस्कृत/ब्राह्मणवादी ही रही है—से मिलाने की चाल।

'दि इकोनॉमिस्ट' का लेख आगे बताता है कि यह कोई हिन्दू-मुस्लिम समस्या नहीं है बल्कि यह धर्मनिरपेक्ष और साम्प्रदायिक हिन्दुओं के बीच की बहस है कि मुसलमानों के साथ कैसा व्यवहार किया जाये। यह मुद्दा लेख में बनाए गये तथ्य से अलग और कहीं अधिक गहरा है। बहस—जिसे हम सांस्कृतिक वाद-विवाद, वर्ग-जाति संघर्ष पर बहस कह सकते हैं—इस बात पर है कि 'हिन्दू

क्या है?' और 'भारतीय क्या है?' अन्त में यह ब्राह्मणवादी पितृसत्तात्मक परम्परा/धर्म तथा निम्न जाति के शोषित लोगों के बीच की बहस है।

यही वह बिन्दु है, जहाँ 'आर्य' महत्त्वपूर्ण बन जाता है। फुले ने आर्य आक्रमण की परिकल्पना उत्पीड़न के स्रोत के रूप में प्रस्तुत की थी; 1920 के दशक के दलित क्रान्तिकारियों ने इस परिकल्पना को उग्रतम रूप दिया किन्तु आम्बेडकर ने इसे मानने से इनकार कर दिया। जैसा कि विद्वान लोग तुरन्त ही कहते हैं कि इस दलित आर्य-विरोधी परिकल्पना का मूल रूप अतार्किक तो है ही, यह एक प्रकार से नस्लवाद का ही दूसरा रूप है—फिर इस बात का कोई वास्तविक प्रमाण तो नहीं कि सिन्धु घाटी की सभ्यता आर्यों के हाथों ही नष्ट हुई और जाति-प्रथा के आरम्भ को आर्य-विजय की घटनाओं से जोड़कर देखना भी सही नहीं लगता।[3] इसके बावजूद यह परिकल्पना जीवित है। इसके महत्त्वपूर्ण कारण भी हैं। भारतीय परम्परा को परिभाषित करने वाले प्रायः सभी उच्च जाति के विद्वानों द्वारा आर्य पहचान की श्रेष्ठता तथा वैदिक उपनिषदिक संस्कृत मूल पर लगातार ज़ोर देना, श्यामवर्ण की तुलना में गौर वर्ण का होने में गर्व महसूस करना, उत्तर भारतीयों की श्रेष्ठता में हमेशा से ही विश्वास करना, उच्च-जाति के हमेशा से ही छुपे लगातार दम्भपूर्ण रवैए—ये सभी बातें क्रुद्ध दलित-शूद्र जनों द्वारा नस्लवादी पहचान के अस्त्र को उलटना अनिवार्य बना देते हैं ताकि वे फिर पूछें कि बताओ—"पहला आक्रमणकारी कौन था? पहले बाहर से कौन आया?"

ब्राह्मणवाद का मुद्दा आर्यवाद के समान ही केन्द्रीय महत्त्व का है। सिद्धान्त रूप में ब्राह्मणवाद पर आक्रमण का ब्राह्मणों के तिरस्कार से अन्तर बताया जा सकता है। इससे जाति के मुद्दे पर अलग बहस शुरू हो जाती है, जिससे जाति के आधार पर मिले कई विशेषाधिकार और सत्ता के खोने की आशंका बलवती हो उठती है। मण्डल कमीशन रिपोर्ट के लागू करने की घोषणा होने के बाद दंगे और आत्महत्या की लहर फैल जाना इसका प्रत्यक्ष प्रमाण है। यह बताना काफ़ी आसान है कि जातिवादी पक्षपात और विशिष्टता, समाज के विभिन्न स्तरों पर वर्तमान है। यह भी कि ब्राह्मणवाद का विरोधी स्वयं ही अक्सर जातिवादी रूप ले लेता है और समाज के केवल एक भाग पर आक्रमण करने से ही एक मानवीय समाज का विकल्प नहीं मिल सकता। फिर भी ब्राह्मणवाद इस मामले में स्पष्टतया उलझा हुआ मालूम होता है। फुले और आम्बेडकर जैसे जाति-विरोधी उग्र नेताओं ने, जिनके सहयोगी ब्राह्मण थे, हिन्दू धर्म की स्वीकृति के लिए काफ़ी कठोर शर्तें रखी थीं। फुले को आर्यभट्ट का-सा चरित्र तभी स्वीकार्य था, जब हिन्दू धर्म के बोगस

धार्मिक ग्रन्थ फेंक दिये जायें और आम्बेडकर का कहना था कि हिन्दू धर्म को तभी बचाया जा सकता है, यदि सभी स्मृतियाँ और शास्त्र त्याग दिये जायें।

प्रभावशाली अभिजात वर्ग से जाति-विरोधी आन्दोलन की भी यही सीधी-सी माँग रही है लेकिन ऐसा हुआ नहीं। उलटे इस मुद्दे से आँख चुराने की लगातार कोशिश की जाती रही; अन्यथा धर्मनिरपेक्षता—जिसके अनुसार राजनीतिक या आर्थिक समाधान ही इसका इलाज हो सकता है (क्योंकि धर्म का राजनीतिक इस्तेमाल ही सारी ख़ुराफ़ात की जड़ है या फिर आर्थिक संकट ही लोगों को हताशा में डालकर 'पहचान के आधार पर समाधान' की ओर प्रेरित करता है) अथवा सुधारवादी हिन्दू आधार पर समाधान खोजने की चेष्टा की गयी। इस अवधारणा के अनुसार धार्मिक ग्रन्थों की पुनर्व्याख्या करके, उनके प्रतिनिधि के रूप में ब्राह्मणों या शंकराचार्य के दावे को चुनौती दी जा सकती है। दलित, अल्पसंख्यकों और जाति-विरोधी वर्ग से लगातार भड़क रहे चुनौती के शोलों के बावजूद, भारत का चेहरा हिन्दू (ब्राह्मणवादी) ही बना हुआ है।

इसने बहुतों को निराशा और विनाशवाद की ओर धकेल दिया। कई उग्र दलितों के लिए, जैसा कि बगुल के लेखों से पता चलता है, परम्परा से कोई उम्मीद नहीं की जा सकती। हिन्दू बहुसंख्या (ब्राह्मणवाद तथा राम के रूप में परिभाषित) का ठोस वर्चस्व है। सभी धर्मशास्त्रों और पौराणिक साहित्य पर ब्राह्मणवाद का प्रभाव स्पष्ट है। शूद्र और अतिशूद्रों को चाहे वे ऊँची परम्परा के हों या नीची, धार्मिक साहित्य से निकाल दिया गया है। जहाँ पर उनका अस्तित्व था वहाँ वे हिन्दू समाज व्यवस्था के दमनकारी रूप को ही दर्शाते थे या फिर उसके विरुद्ध विद्रोह को टालने या कमज़ोर कर मिला लेने की क्षमता को ही इंगित करते थे। बगुल कहते हैं—

> ''इसमें कोई शक नहीं कि दुश्मन ने भारतीयता को पूरी तरह से अपने प्रभाव में ले लिया था—रस्म-रिवाज, ढाँचा और व्यवस्था में, किताबों को, शब्दों को और चित्रों को भी निगल लिया था। जाति-प्रथा पूरे सामाजिक जीवन में रच-बस गयी थी। बुद्धिजीवी वर्ग धर्म को लेकर प्रतिबद्ध थे, इसीलिए हिन्दू लेखकों के लिए आम्बेडकर को झेलना मुश्किल होता है क्योंकि आम्बेडकर एक वैज्ञानिक तथा विवेक-सम्मत विद्रोह के नायक हैं। इसके विपरीत कर्ण और एकलव्य जैसे नायक हिन्दू संस्कृति और पौराणिक कथा द्वारा निर्मित मूल्यों के अनुरूप ही हैं। उन्हें वर्ग-व्यवस्था के अनुरूप ही ढाल लिया गया है। वे साहसी चरित्र तो हैं पर चूँकि उन्हें

व्यवस्था में अपनी हैसियत के अनुरूप स्थान नहीं दिया गया, वे केवल पीड़ित मानवता के प्रतीक भर बनकर रह गये हैं। ये नायक भाग्य के हाथों में खिलौने की तरह ही हैं।''[4]

इस प्रकार कर्ण, विदुर, एकलव्य (पुराणों में वर्णित निम्न जाति के नायक) हालाँकि ब्राह्मणवादी तथा सामन्ती व्यवस्था के शिकार बने, इसके बाद में वे वास्तव में उसी व्यवस्था के अपने-अपने तरीक़े से हित साधक ही बने। शूद्र बालक शंबूक जो ब्राह्मण योग का अनुपालन करने के अपराध में मारा गया था, अपने विरुद्ध खड़ी शत्रु ताक़तों के समक्ष गूँगा है। ठीक वैसे ही जैसे कि जनजातीय लोगों पर होने वाले अत्याचार के विरुद्ध बनी एक फिल्म (आक्रोश) में उसका जनजातीय नायक प्रतिरोध में एक दृश्य में चीख़ता है, पर इसके सिवाय पूरी फ़िल्म में वह मूक ही है। इसके विरोध में दलित विरोध कर सकते थे–

''जबकि वर्णाश्रम धर्म का एक दलित के लिए क्या वास्तविक अर्थ होता है, यह बताने के लिए एकलव्य एक महत्त्वपूर्ण उदाहरण हो सकता था, वे उसे विद्रोह करता हुआ देखना चाहते थे, जिसका पौराणिक कथाओं में वर्णित उसकी कहानी से कोई सम्बन्ध नहीं था।''

यदि तुमने अपना अँगूठा रखा होता
इतिहास कुछ और ढंग से
घटा होता
पर... तुमने तो दे दिया अपना अँगूठा
बस! इतिहास ही
हो गया उनका!
एकलव्य
उस दिन से ही उन्होंने
तुम्हें कर दिया अनदेखा!
माफ करना एकलव्य
नहीं बना सकते वे मूरख अब
अपनी मीठी बातों से
मेरा अँगूठा
कभी नहीं टूटेगा अब![5]

धार्मिक परम्पराओं के इस अत्यन्त दमनकारी रूप के विरोध में दलित क्रान्तिकारियों की प्रतिक्रिया घोर तिरस्कार व नकार की ही हो सकती थी–

बहुत बड़ी भूल की है तुमने कि

जन्म लिया इस देश में
प्रतिकार करो इसका : या छोड़ दो वह देश
नहीं तो छेड़ो युद्ध।[6]

प्रश्न है कि क्या भारतीय परम्परा पूरी तरह दमनकारी है? क्या समानता और मुक्ति की अभिलाषा रखने वाले दलित या उच्चवर्गीय प्रगतिशील व्यक्तियों को भारतीय संस्कृति तथा पहचान को पूरी तरह से अस्वीकृत कर देना जरूरी है? जोतिबा फुले और ताराबाई से लेकर आम्बेडकर, पेरियार और अन्य तक, सांस्कृतिक आलोचना की सारी बहस प्रतिकूल थी। भारतीय इतिहास तथा परम्परा की उनकी व्याख्या न केवल जाति श्रेणीक्रम तथा प्रभुत्व के नकारात्मक पहलुओं को उजागर करती थी, बल्कि वह निम्नजातियों द्वारा किये गये विद्रोह की घटनाओं तथा कभी-कभार हासिल की गयी विजय की घटनाओं की खोज-ख़बर भी करती थी। इसके विपरीत नेहरूवादी धर्मनिरपेक्षता के साथ हिन्दू कट्टरवाद के विरुद्ध लड़ाई में यह समस्या नहीं थी कि वह धर्मनिरपेक्ष तथा समतावादी था और यह कि वह स्वतन्त्रता एवं समानता के सार्वभौम सिद्धान्त पर जोर देता था। समस्या दरअसल यह थी कि इनका औचित्य सिद्ध करने के लिए, इसने भारतीय परम्परा की प्रभुत्ववादी ब्राह्मणवादी व्यवस्था को, बिना किसी समीक्षा के अपना लिया था। स्वतन्त्रता और समानता की जड़ें परम्परा में तभी पैठ सकती हैं, जब इस परम्परा को आलोचनात्मक दृष्टि से समझा जाये।

इस काम के लिए पुनर्व्याख्या की प्रक्रिया से गुजरना जरूरी है क्योंकि निम्न जाति के लोगों, स्त्रियों, जनजातीय एवं अनार्य लोगों आदि की आवाजें शुरू से ही उन्हें जीतने वालों तथा स्वामियों की व्याख्याओं में सम्पादित रूप में ही प्रस्तुत की गयी हैं। शंबूक मूक नहीं था वरन् उसे गूँगा बना दिया गया था। उसकी आवाज़ को लिखित आकार लेने नहीं दिया गया। एकलव्य ने भी संघर्ष किया होगा पर पुराण कथाओं से उसकी संघर्ष-गाथा को निकाल दिया गया। हालाँकि कई मामलों में इस प्रतिरोध को कम से कम आंशिक रूप से ही लिजिन्द्रियों, कभी कथाओं के लिखित रूप में सही—दर्ज किया गया है। उनके लोक रूपों में तो खोजबीन कर अपना वर्चस्व सिद्ध करने के उद्देश्य से उन्हें क़लमबन्द भी किया गया। इन पौराणिक मिथकों की व्याख्या करने वाला कोई भी वैज्ञानिक साहित्यकार व इतिहासकार जानता है कि—

"इन पौराणिक दस्तावेज़ों को ही सामाजिक प्रक्रिया के दौरान तैयार किया गया है। आज के विनाशवाद तथा उत्तर-आधुनिकतावाद के युग

में इनकी चर्चा ज़रूरी नहीं है। इसके बावजूद इन बातों को दुहराना ज़रूरी इसलिए हो गया है कि भारतीय संस्कृति ही प्राध्यापकीय व्याख्याओं में, जो सम्भवतः उन्नत प्रविधि से सबसे अधिक प्रभावित है, प्रायः अधिकतर जातियाँ उच्च जाति द्वारा प्रस्तुत पौराणिक कथाओं को ही सिद्धान्तों के सही प्रस्तुतीकरण के लिए अनिरीक्षित आधार के रूप में मान्यता देती हैं।''

हिन्दू पितृसत्तात्मक अन्तर्लयन की जटिलताओं को सामने लाने के प्रयास में नारीवादियों ने हिन्दू धर्म के विरुद्ध संघर्ष में दलितों को वृहत योगदान दिया है। एक दमित, आंशिक रूप से निःस्वर नायिका सीता का उदाहरण सबसे दिलचस्प है, जो आत्मबलिदानी पतिव्रता स्त्री का एक स्पष्ट प्रतीक है। हाल के वर्षों में सीता को उत्पीड़ित नारी के प्रतीक के रूप में ज़्यादा प्रस्तुत किया गया है। पर सीता के चरित्र में और भी बहुत कुछ है, जो वाल्मीकि रामायण पढ़ने पर स्पष्ट होता है। उदाहणार्थ सीता राम को राक्षसों की हत्या के लिए डाँटते हुए कहती हैं–

"आप अज्ञानियों द्वारा किये जाने वाले पाप के कितने अधिक निकट हैं ...यानी ऐसे जीव की हत्या करना जिसने कोई अपराध नहीं किया! हे वीर, मेरी प्रार्थना है कि जब शस्त्र सज्जित आप उन राक्षसों से युद्धरत हों, जिनका घर ही यह जंगल है, तो आप ऐसे राक्षसों का वध न करें, जो दोषी नहीं हैं।"[7] किन्तु राम इसका उत्तर देते हुए स्पष्ट करते हैं कि उनके द्वारा राक्षसों व उनकी रानी 'ताड़का' का मारा जाना उस प्रण का परिणाम है, जो उन्होंने दण्डकारण्य वन के ब्राह्मणों को दिया था। इस प्रकार यह जाति के रक्षार्थ की गयी मुहिम का हिस्सा है।"

''इससे भी महत्त्वपूर्ण बात यह है कि वाल्मीकि रामायण या उसके बाद भी पितृसत्तात्मक परवर्ती कृतियों में सीता विद्रोह को उद्यत भी मालूम होती हैं (जैसे कि तुलसीदासकृत रामायण, जिसमें लक्ष्मण रेखा का विषय प्रस्तुत किया गया है।) कुछ अन्य कथाओं में सीता के मन में रावण के प्रति आसक्ति-भाव भी दर्शाया गया है (जिससे शायद यह पता चलता है कि यह पारम्परिक वृत्तान्त, जिनमें उनके चरित्र पर सन्देह किया गया है, का एक प्रतिरूप है)। किसानों के बीच प्रचलित एक कथा में सीता के राम द्वारा परित्यक्त किये जाने के बाद यह दिखाया गया है कि सीता के मन में राम के प्रति कितना घोर तिरस्कार भाव है तथा अपने ऊपर किये गये अन्याय के प्रति कितना क्रोध है। उत्तर

प्रदेश में प्रचलित एक अन्य लोकप्रिय गीत में लक्ष्मण जब सीता को लाने के लिए जाते हैं, तो वे वापस जाने से इनकार कर देती हैं और अपने बेटों का पालन-पोषण स्वयं ही करती हैं। वे बेटों का नामकरण अपने पिता के नाम पर करती हैं। यह मातृसत्ता की ओर लौटने का संकेत है। रामायण के थाईलैण्ड में प्रचलित रूप में सीता वापस जाने से इनकार कर देती हैं पर देवताओं के परिवार व्यवस्था को बनाए रखने के प्रयोजन से किये गये हस्तक्षेप के कारण फिर वे राजी हो जाती हैं।''

सीता की एक और सबसे दिलचस्प छवि महाराष्ट्र में प्रचलित है—रावेरी की सीता। इस छवि को शेतकारी संगठन ने इस्तेमाल भी किया है। रावेरी यवतमाल जिले का एक छोटा-सा गाँव है। वहाँ इस संगठन के कार्यकर्ताओं को किसानों को अपनी औरतों के नाम जमीन कर देने के एक अभियान के क्रम में एक पुराना लगभग परित्क्यत सीता मन्दिर मिला। गाँव वालों का कहना है कि राक्षसों ने इसे बनाया है और इसकी मूर्ति भी ग्राम्य देवी की सी है। रावेरी में प्रचलित कहानी के अनुसार, सीता अयोध्या से निकाले जाने के बाद इधर-उधर भटकती हुई अन्ततः रावेरी में ही बस जाती हैं और चूँकि उनके दो छोटे बच्चे हैं और वह स्वयं काम नहीं कर सकती, वे द्वार-द्वार घूमकर आटा माँगती हैं। जब गाँव वाले उन्हें आटा देने से मना कर देते हैं (इस कारण कि पति परित्यक्ता निश्चित रूप से कुलटा होगी) वे शाप देती हैं कि गाँव में गेहूँ नहीं उपजेगा। गाँव वाले बताते हैं कि उनके यहाँ गेहूँ की खेती हो भी नहीं पाती थी। जब से संकर गेहूँ उपलब्ध हुआ तब से स्थिति बदल गयी है। अब वे अपनी ज़मीनों को अपनी औरतों के नाम लिख रहे हैं ताकि वे अपने पूर्वजों के पापों का प्रायश्चित कर सकें। उसी गाँव में एक हनुमान मन्दिर भी है, जिसमें सीता के पुत्रों द्वारा फेंकी गयी वह मूर्ति भी है—जिसे लोग 'गिरा हनुमान' कहते हैं। इस मूर्ति को उन्होंने तब फेंका था जब वे सीता को वापिस लेने आये थे।

ऐसे विवरणों से जिनमें सीता के न केवल उत्पीड़न का शिकार होने का उदाहरण है बल्कि उनके राक्षसों से लगाव होने की बात कही गयी है और उन्हें कृषि से (हरित क्रान्ति वाली कृषि से नहीं) जुड़ी हुई भी दिखाया गया है—यह पता चलता है कि रामायण की प्रचलित कहानी का प्रतिकूल चित्रण कितनी गहराई से व्याप्त है।

राम की विजय और आदर्श परिवार की कहानी के रूप में नहीं बल्कि द्रविड़ों और जनजातीय लोगों पर उनकी विजय गाथा के रूप में, मातृसत्ता पर पितृसत्ता की विजय की कहानी के रूप में, एक स्थायी कृषि समाज की स्थापना के क्रम में

स्त्रियों के दमन की कहानी के रूप में (आखिर सीता भू-कन्या हैं, जो हल के पास पड़ी मिली थीं) वर्ग/जाति/लिंग के आधार संघर्ष के दीर्घकालिक युग में इसके विभिन्न रूप हैं। यह विजित जन की एकता और प्रतिरोध की भी कहानी है, जो किसानों, दलितों, स्त्रियों और जनजातीय लोगों की मुक्ति की दास्तान कहती है।

जाति प्रभुत्व, शोषण और पितृसत्तात्मक समाज के मुद्दे, एक दूसरे से जुड़ जाते हैं और शंबूक, सीता, ताड़का और रावण भी ब्राह्मणवादी हिन्दू व्यवस्था के शिकार के रूप में तथा उसके विरुद्ध विद्रोह को लेकर एक हो जाते हैं। अब कहानी को पूरी तरह समग्रता से प्रस्तुत किये बिना, राम के चरित्र का आकलन किया जाना सम्भव नहीं है और यह बहस चलाने वाले उच्च वर्ण के शिक्षित अभिजात ही नहीं हैं। उत्पीड़न और विद्रोह के विषय आम लोग, किसान, स्त्रियाँ दलित और जनजातीय वर्ग से जुड़े हैं और उसके कारण रामायण के हिन्दू अस्मिता के प्रतीक के रूप में स्थापित करने का हिन्दुत्ववादी प्रयास सफल मालूम होने के बावजूद उत्पीड़न और विद्रोह वाले मुद्दों के फैल जाने का ख़तरा प्रबल है। गांधी और नेहरू की परम्परा, साथ ही आम्बेडकर, फुले और पेरियार की परम्पराओं पर वाद-विवाद और उनकी पुनर्व्याख्या चलती रहेगी पर स्थिति गुलामी के दिनों के मुक़ाबले इतनी बदल गयी है कि आज के भारत में राम-राज का आदर्श, नेहरूवादी समाजवाद से कुछ ज़्यादा टिकाऊ नहीं हो सकता।

उच्च जातीय काल्पनिक इतिहास का ढिंढोरा पीटने के हताश प्रयास से, चिरकालिक विजय प्राप्त नहीं होगी। जन-सामान्य का भोगा हुआ वास्तविक इतिहास नये समाज के निर्माण में अपनी भूमिका निभाता रहेगा। दलितों का विश्वास और उनके सपने इस नये समाज के मुख्य मुद्दे रहेंगे। दलित गीतकार 'वामन करदरू' की असंख्य कविताओं में 'एक नये सूरज' का सशक्त आह्वान इस सच का पूर्वाभास दे देता है–

अंधकार की सेना
खोजो आकाश, चन्द्रमा और तारे
प्रकाश तुम्हारे अन्दर
प्रकाश तुम्हारा अंतस
आने वाले कल का
तुम बनो सूरज।[8]

●●●

सन्दर्भ टिप्पणियाँ

अध्याय 1

1. एलिएनर जेलियट और मैक्सीन बर्न्टसेन द्वारा सम्पादित 'द इक्सपीरियंस ऑफ हिंदूइज्म(स्टेट यूनिवर्सिटी ऑफ न्यूयार्क प्रेस, 1988), में शामिल सदाशिव भावे का आलेख 'भक्ति इन मॉडर्न मराठी पोएट्री', पृ. 318-19
2. गुना, 'एशियाटिक मोड : ए सोसियो-कल्चरल पर्सपेक्टिव'(बुकवेल पब्लिकेशंस, दिल्ली, 1984), पृ.124-25

अध्याय 2

1. विस्तृत चर्चा के लिए देखें : रोजलिंड ओ'हैनलोन, 'कास्ट, कॉन्फ्लिक्ट एंड आइडियोलॉजी; महात्मा जोतिबा फुले एंड लो-कास्ट सोशल प्रोटेस्ट इन नाइन्टींथ सेंचुरी वेस्टर्न इंडिया'(कैंब्रिज यूनिवर्सिटी प्रेस, कैंब्रिज, 1988)
2. देखें ज्ञानेंद्र पांडेय, 'हिंदूज एंड अदर्स : द मिलिटंट हिंदू कन्सट्रक्शन', इकोनॉमिक एंड पॉलिटिकल वीकली, 28 दिसम्बर, 1991 तथा सीताराम येचुरी, 'व्हाट इज हिंदू राष्ट्र? एन एक्सपोजर ऑफ गोलवाल्कर्स फासिस्ट आइडियोलॉजी एंड द सैफ्रन ब्रिगेड्स प्रैक्टिस', फ्रंटलाइन, 12 मार्च, 1993
3. पांडेय, 'द कन्सट्रक्शन ऑफ कम्यूनलिज्म इन कोलोनियल नॉर्थ इंडिया'(ऑक्सफोर्ड यूनिवर्सिटी प्रेस, दिल्ली, 1990), पृ. 235
4. देखें 'द हरिजन' में प्रकाशित अम्बेडकर कृत 'एन्निहिलेशन ऑफ कास्ट' के सम्बन्ध में गांधी का उत्तर, जो डॉ. बाबा साहेब अम्बेडकर : राइटिंग्ज एंड स्पीचिज, खण्ड-। (बम्बई, महाराष्ट्र सरकार, 1979) में पृ. 82 पर पुनर्प्रकाशित हुआ।
5. वही, पृ. 83
6. ओमवेट का अध्ययन आलेख : 'दलित्स एंड द डेमोक्रेटिक रेवॉल्यूशनः डॉ. आम्बेडकर एंड द दलित मूवमेंट इन कोलोनियल इंडिया'(सेज, नयी दिल्ली, 1994), अध्याय-5

7. अम्बेडकर कृत 'फेडरेशन ऑफ फ्रीडम', पृ. 352
8. जवाहरलाल नेहरू कृत 'टूवर्ड्स फ्रीडम : द ऑटोबायोग्राफी ऑफ जवाहरलाल नेहरू' (जॉन डे कम्पनी, 1941), पृ. 410-11
9. जवाहरलाल नेहरू कृत 'द डिस्कवरी ऑफ इंडिया' (ऑक्सफोर्ड यूनिवर्सिटी प्रेस, 1982), पृ.138
10. वही, पृ. 252-53
11. पांडेय, 'द कंस्ट्रक्शन ऑफ कम्यूनलिज्म', पृ. 253-54

अध्याय 3

1. जोतिबा फुले, 'समग्र वाङ्मय' (महाराष्ट्र सरकार, बम्बई, 1990), पृ. 118-20
2. देखें 'कलेक्टेड वर्क्स ऑफ़ महात्मा जोतिबा फुले', वॉल्यूम-।।, पी.जी. पाटिल द्वारा चयनित अंश का अनुवाद (महाराष्ट्र सरकार, बम्बई, 1991), पृ. 39-40
3. वही, पृ. 32
4. देखें उमा चक्रवर्ती, 'जेंडर, क्लास, क्लास एंड नेशन्स'; 'रमाबाई एंड द क्रिटिक ऑफ ब्राह्मनिकल पैट्रिआर्कि'; 'द डेवलेपमेंट ऑफ़ द सीता मिथ : ए केस स्टडी', समय शक्ति। 1 जुलाई, 1983; 'कंसेप्चुअलाइजिंग ब्राह्मनिकल पैट्रिआर्कि इन अर्ली इंडिया : जेंडर, क्लास एंड स्टेट,' इकोनॉमिक एंड पॉलिटिकल वीकली, 3 अप्रैल, 1993; तथा 'द सीता हू रिफ़्यूज़्ड द फ़ायर ऑर्डील,' मानुषी नं. 8, 1981।
5. जोतिबा फुले : 'ऐन इनकम्प्लीट रिनेसां, सेमिनार पेपर्स' (सेंटर फॉर सोशल स्टडीज, सूरत, 1991), 'ए समरी ऑफ प्रॉसीडिंग्ज़,' पृ. 9-10
6. फुले, 'समग्र वाङ्मय,' पृ. 440, गेल ओमवेट तथा भरत पतंकर द्वारा अनूदित।

अध्याय 4

1. फुले, समग्र वाङ्मय, पृ. 372
2. रमाबाई के सम्बन्ध में देखें चक्रवर्ती कृत 'जेंडर, क्लास एंड नेशन' और मीरा कोसांबी कृत 'इंडियन रेस्पांस टू क्रिस्चियनिटी, चर्च एंड कोलोनियलिज़्म : केस ऑफ़ पंडिता रमाबाई', इकोनॉमिक एंड पॉलिटिकल वीकली, 24-31 अक्तूबर, 1992
3. पंडिता रमाबाई, 'द हाई कास्ट हिंदू वीमन' (महाराष्ट्र सरकार, बम्बई, 1982; मूल रूप में 1887 में प्रकाशित), पृ. 48
4. वही, पृ. 3
5. वही, पृ. 29
6. कोसांबी के लेख 'इंडियन रेस्पांस टू क्रिस्चियनिटी, चर्च एंड कोलोनियलिज़्म' में उद्धृत, इकोनॉमिक एंड पॉलिटिकल वीकली, वीमेन्स स्टडीज़ सप्लिमेंट, 24-31

अक्तूबर, 1992, पृ. 63

7. ताराबाई शिंदे, 'स्त्री-पुरुष तुलना' (अशोक प्रकाशन, नागपुर, 1992) (मराठी : गेल ओमवेट द्वारा अनूदित)
8. वही, पृ. 6
9. वही, पृ. 8
10. पार्थ चटर्जी, 'द नेशनलिस्ट रेवॉल्यूशन ऑफ वीमेन्स क्वेश्चन,' कुमकुम सिंगारी और सुदेश वेद की पुस्तक 'रिकास्टिंग वीमेनः एसेज़ इन कोलोनियल हिस्ट्री' (काली फ़ॉर वीमेन प्रेस, दिल्ली, 1989). पृ. 238
11. हेरिटेज, नयी दिल्ली, 1981 में प्रकाशित जना एवरेट लिखित आलेख 'वीमेन एंड सोशल चेंज इन इंडिया' में चर्चा को देखें।
12. कपिल कुमार, 'रूरल वीमेन इन अवध, 1917-1947' संगारी और वेद के 'रिकास्टिंग वीमेन' का पृ. 351 देखें।
13. वही, पृ. 363(जग्गी से एक साक्षात्कार में एक उद्धरण।
14. उपरोक्त पुस्तक में ही सुमंत बनर्जी का आलेख 'वीमेन्स पॉपुलर कल्चर इन नाइन्टीन्थ सेंचुरी बंगाल,' पृ. 138-139

अध्याय 5

1. पी.एल. जोशी द्वारा सम्पादित 'पॉलिटिकल आइडियाज़ एंड लीडरशिप इन विदर्भ' (नागपुर 1980) में एम.ई. भागवत के लेख 'विदर्भातिल दलित विचारानसी नेतृत्व' में पृ. 297 पर उद्धृत।
2. देखें ओमवेट की पुस्तक 'दलित्स एंड द डेमोक्रेटिक रेवॉल्यूशन', अध्याय 3
3. आन्ध्र प्रदेश स्टेट हरिजन सूवनियर (गवर्नमेंट प्रेस, हैदराबाद, 1976) में प्रकाशित एम.जी. गौतम के आलेख 'द अनटचेबल्स मूवमेंट इन आन्ध्र प्रदेश' पृ. 67
4. भारत की जनगणना, 1981, खण्ड XXIII हैदराबाद स्टेट; पार्ट 1: रिपोर्ट (हैदराबाद-डेक्कन; गवर्नमेंट सेंट्रल प्रेस, 1933), पृ. 258
5. आर. एस. खरे की पुस्तक 'द अनटचेबल ऐज़ हिमसेल्फ : आइडियोलोजी, आइडेंटिटी एंड प्रैग्मेटिज़्म अमंग द लखनऊ चमार्स' (कैंब्रिज यूनिवर्सिटी प्रेस, 1984), पृ. 85; साथ ही देखें ओवेन लिंच की पुस्तक 'द पॉलिटिक्स ऑफ़ अनटचेबिलिटी (कोलंबिया यूनिवर्सिटी प्रेस, न्यूयार्क, 1969)
6. मार्क यॉरगेन्समायर की पुस्तक 'रिलिजन एज सोशल विज़न : द मूवमेंट अगेन्स्ट अनटचेबिलिटी इन ट्वन्टींथ सेंचुरी पंजाब' (यूनिवर्सिटी ऑफ कैलिफोर्निया प्रेस, बर्कले, 1982), पृ. 296
7. ई.एम.एस. नंबूदरीपाद की पुस्तक 'ए हिस्ट्री ऑफ़ द इंडियन फ़्रीडम मूवमेंट' (सोशल साइंटिस्ट प्रेस, त्रिवेंद्रम, 1986), पृ. 492

अध्याय 6

1. 'रेवॉल्यूशन एंड काउंटर-रेवॉल्यूशन इन एंशियंट इंडिया,' डॉ. बाबा साहेब अम्बेडकर : राइटिंग्ज एंड स्पीचिज, खण्ड-3(महाराष्ट्र सरकार, बम्बई), पृ. 275
2. 'जनता' 21 जून, 1941 में प्रकाशित कमलसिंह बलिराम रामटेके की बिना शीर्षक की कविता।
3. वही, 15 जनवरी, 1938
4. आम्बेडकर : ''रेवॉल्यूशन एंड काउंटर-रेवॉल्यूशन,'' पृ. 419
5. आम्बेडकर : 'राइटिंग्स एंड स्पीचिज़, खण्ड-1' में 'एन्निहिलेशन ऑफ़ कास्ट', पृ. 49
6. आम्बेडकर : ''रेवॉल्यूशन एंड काउंटर-रेवॉल्यूशन,'' पृ. 316 -17
7. वही, पृ. 336
8. आम्बेडकर : 'एन्निहिलेशन ऑफ़ कास्ट', पृ. 47
9. वही–, पृ. 75-77।
10. आम्बेडकर : ''रेवॉल्यूशन एंड काउंटर-रेवॉल्यूशन,'' पृ. 336

अध्याय 7

1. यूजीन इर्शिक का क्लासिक अध्ययन है 'पॉलिटिक्स एंड सोशल कॉन्फ्लिक्ट इन साउथ इंडिया'(यूनिवर्सिटी ऑफ कैलिफ़ोर्निया, बर्कले, 1969)। तमिल ग़ैर-ब्राह्मण आन्दोलन काल और सम्बद्ध मुद्दों पर केन्द्रित ताज़ा चर्चा के लिए देखें : वी. गीता और एस.वी. राजादुरई का आलेख 'नियोब्राह्मनिज़्म : एन इंटेन्शनल फ़ैलसी? इकोनॉमिक एंड पॉलिटिकल वीकली, 16-23 जनवरी, 1993
2. के. मुरुगेसन और सी. सुब्रमण्यम की पुस्तक 'फ़र्स्ट कम्युनिस्ट इन साउथ इंडिया'(पीपुल्स पब्लिशिंग हाउस, 1975), पृ. 64
3. इरशिक कृत पुस्तक 'तमिल रिवाइवलिज़्म इन द नाइन्टीन थर्टीज़'(क्रि-ए, मद्रास, 1986), पृ. 224-25 में उद्धृत
4. सिंगारावेलू पर मुरुगेसन और सुब्रमण्यम का पहले ही ऊपर उद्धृत विवरण देखें।
5. वही, पृ. 83
6. सुमित सरकार कृत मॉडर्न इंडिया, 1885-1947(मैकमिलन इंडिया लि., दिल्ली, 1983), पृ. 351
7. अनिता डिहूल कृत पेरियार इ.व्ही. रामास्वामी(बी. आई. पब्लिकेशंस, बम्बई 1977), पृ. 62
8. रॉबिन जेफ्री एवं अन्य द्वारा सम्पादित पुस्तक : 'इंडिया, रिबेलियन टू रिपब्लिक'(स्टर्लिंग पब्लिशर्स प्रा. लि., नयी दिल्ली, 1990) में शामिल आर.जे. मूर का आलेख : 'जिन्ना एंड द पाकिस्तान डिमांड'

9. नॉर्थ ईस्ट क्वार्टरली, डेका 2:3, 1986 में प्रकाशित गिरीन फूकन के आलेख 'एथनिक नेशनलिज़्म इन नॉर्थ इंडियाः ए ब्रीफ़ ओवरव्यू ऑफ़ इट्स लेगसि' में उद्धृत।
10. सरकार की पुस्तक 'मॉडर्न इंडिया, पृ. 378-80
11. डिह्ल, पेरियार, पृ. 62-63
12. वही, पृ. 63

अध्याय 8

1. मॉडर्न एशियन स्टडीज़, 24, 2 मई, 1991 में प्रकाशित असीम राय का आलेख : 'द हाई पॉलिटिक्स ऑफ इंडियाज़ पार्टीशन : द रिविज़निस्ट पर्सपेक्टिव' (समीक्षा आलेख)
2. 'टुवॉर्ड्स ,फ़्रीडम', जवाहरलाल नेहरू, पृ. 274-75
3. राघवन अय्यर द्वारा सम्पादित 'द मोरल एंड पॉलिटिकल राइटिंग्स ऑफ़ महात्मा गांधी, खण्ड-1 (क्लेयरेन्डन प्रेस, ऑक्सफ़ोर्ड, 1986), पृ. 257 में प्रकाशित हिन्द स्वराज से उद्धृत।
4. द चैलेंज टू द साउथ : रिपोर्ट ऑफ़ द साउथ कमीशन(ऑक्सफ़ोर्ड यूनिवर्सिटी प्रेस, नयी दिल्ली, 1992) पृ. 84-85; आई.बी.आर.डी. की वर्ल्ड डेवलपमेंट रिपोर्ट, 1992(वर्ल्ड बैंक, 1992), तालिका-1, पृ. 218-19 भी देखें।
5. दीपक लाल का मूल्यांकन, 'द हिंदू इक्विलिब्रियम : कल्चरल स्टैबिलिटी एंड इकोनॉमिक स्टैग्नेशन, इंडिया सर्का 1500 बी.सी.–ए.डी.1980' (ऑक्सफ़ोर्ड यूनिवर्सिटी प्रेस, लंदन, 1988) पृ. 221
6. भारत की जनगणना, 1991; और विश्व विकास रिपोर्ट, 1992, तालिका-2
7. वर्ल्ड डेवलपमेंट रिपोर्ट, 1992, तालिका-28, पृ. 273-274 और तालिका 32, पृ. 280-281
8. हंगर, 1992 : सेकंड एनुअल रिपोर्ट ऑन द स्टेट ऑफ वर्ल्ड हंगर(वाशिंगटन डी. सी.: ब्रेड फॉर द वर्ल्ड इंस्टीट्यूट, 1992), तालिका 2-3, पृ. 180-83
9. वर्ल्ड डेवलपमेंट रिपोर्ट, 1990 : पॉवर्टी, पृ. 31
10. लाल, 'द हिंदू इक्विलिब्रियम', पृ. 272
11. बी.पी.आर. विट्ठल का आलेख 'रूट्स ऑफ हिंदू फ़ंडामेंटलिज़्म': इकोनॉमिक एंड पॉलिटिकल वीकली, 20-27 फ़रवरी, 1993
12. एम. शिवय्या, 'बिहाइंड हिंदू ग्रोथ रेट', इकोनॉमिक एंड पॉलिटिकल वीकली, 3 अप्रैल, 1993

अध्याय 9

1. बारबरा जोशी की पुस्तक 'अनटचेबल! वॉयसेज़ ऑफ़ दलित लिबरेशन' (ज़ेड

बुक्स, लंदन, 1984), पृ. 141-146

2. नामदेव ढसाल की कविता 'सो दैट माय मदर मे बी कन्विन्स्ड'—जयंत करवे, विद्युत भागवत और इलिएनर ज़ेलॉट, मुल्कराज आनंद और इलिएनर जेलॉट की पुस्तक 'ऐन ऐंथोलॉजी ऑफ दलित लिटरेचर(ज्ञान पब्लिशिंग हाउस, नयी दिल्ली, 1992) पृ. 60-67
3. केशव मेश्राम की उपरोक्त पुस्तक, पृ. 117
4. वामन निंबाल्कर की बिना शीर्षक की कविता, ग्राहम स्मिथ द्वारा अनूदित, वागर्थ 12 जनवरी, 1976
5. ए.के. राय, द न्यू दलित रेवॉल्यूशन(1980), पृ. 4,10,18

अध्याय 10

1. वाहरू सोनवणे, अध्यक्षीय भाषण, पाँचवाँ आदिवासी साहित्य सम्मेलन, पालघर, महाराष्ट्र, 23 दिसम्बर, 1990(मराठी से अनूदित), मूल रूप से मराठी में आदिवासी साहित्य सम्मेलन के लिए संजय पेठे द्वारा प्रकाशित, अंग्रेज़ी अनुवाद गेल ओमवेट द्वारा।
2. देखें माधव गाडगिल और रामचन्द्र गुहा की पुस्तक दिस फिशर्ड लैंड : ऐन इकोलॉजिस्ट हिस्ट्री ऑफ़ इंडिया(ऑक्सफ़ोर्ड यूनिवर्सिटी प्रेस, नयी दिल्ली, 1992), अध्याय 3, पृ. 91-110
3. देखें वंदना शिवा की पुस्तक 'स्टेइंग अलाइव : वीमेन इकोलॉजी इन इंडिया'(काली फॉर वीमेन प्रेस, नयी दिल्ली, 1989)
4. शेतकारी संघटक, जनवरी 1991
5. भवानी सेन गुप्त, इकोनॉमिक एंड पॉलिटिकल वीकली, 29 अक्तूबर, 1988।
6. टाइम, 25 जनवरी, 1993
7. द वीक, 24 जनवरी, 1993
8. अर्जुन डांगले द्वारा सम्पादित पुस्तक 'पॉयज़ंड ब्रेड : ट्रांसलेशंस फ़्रॉम मॉडर्न मराठी दलित लिटरेचर, ओरियंट लौंगमेन, 1992, पृ. 283, 288
   बाबूराव बागुल का आलेख 'दलित लिटरेचर इज़ बट ह्यूमन लिट्रेचर
9. वही, पृ. 284-285

अध्याय 11

1. इकोनॉमिस्ट, 6 फ़रवरी, 1993, पृ. 21
2. देखें भारत पतंकर, हिन्दू का सिन्धु(सुगवा प्रकाशन, मराठी, पुणे, 1993); संक्षिप्त अंग्रेज़ी रूपान्तर, 'हिन्दू और सिन्धु' फ्रंटियर, 27 फ़रवरी, 1993
3. बागुल 'दलित लिटरेचर इज़ बट ह्यूमन लिटरेचर', पृ. 123-126
4. शशिकांत हिंगोनेकर 'एकलव्य' अस्मितादर्श, अप्रैल/मई/जून 1989; गेल ओमवेट

तथा भरत पतंकर द्वारा अनूदित।

5. डांगले द्वारा सम्पादित 'पाइज़न्ड ब्रेड' में बागुल की रचना 'यू हू हैव मेड द मिस्टेक', पृ. 70, विलास सारंग द्वारा अनूदित।
6. किश्वर, 28 जनवरी, 1993 के टाइम्स ऑफ़ इंडिया में।
7. देखें जे.एम. कैडेट, 'रामकिएन : द स्टोन रबिंग्स ऑफ द थाई एपिक' (कोडांशा इंटरनेशनल, 1970, बैंकाक), पृ. 242
8. आनंद और ज़ेलियट की पुस्तक 'एंथोलॉजी' में वामन कैडक की रचना 'द डार्कनेस विदिन मी', पृ. 95